El Código del Génesis

Revelando el Antiguo Camino Hacia la Libertad Interior

Libros relacionados de Richard L. Haight
La Meditación del Guerrero
Consciencia Inquebrantable

El Código del Génesis

Revelando el Antiguo Camino Hacia la Libertad Interior

Richard L. Haight

Shinkaikan Body, Mind, Spirit LLC
richardlhaight.com

Traducción: Juan Manuel Gimenez Sirimarco.
Edición: Paula Izquierdo Altarejos.

ISBN: 978-1-956889-13-0

Copyright © 2022 por Richard L. Haight
Todos los derechos reservados. Ninguna parte de esta publicación puede ser reproducida, distribuida o transmitida en cualquier forma o por cualquier medio, incluyendo fotocopias, grabaciones u otros métodos electrónicos o mecánicos, sin el permiso previo por escrito de la editorial, excepto en el caso de breves citas incorporadas en reseñas críticas y otros usos no comerciales permitidos por la ley de derechos de autor.

Aviso Legal:

1. Algunos nombres y detalles de identificación han sido cambiados para proteger la privacidad de las personas.

2. Este libro no pretende sustituir el asesoramiento médico o psicológico de médicos o psicólogos. El lector debe consultar regularmente a un profesional de la salud en asuntos relacionados con su salud física o mental/emocional y, en particular, con respecto a cualquier síntoma que pueda requerir diagnóstico o atención médica.

Publicado por Shinkaikan Body, Mind, Spirit LLC
richardlhaight.com

Índice

Introducción 1

Herramientas Para el Éxito 10

Parte 1 — Revelaciones Místicas 15

Capítulo 1 — El Primer Contacto   17

Capítulo 2 — El Infinito   23

Capítulo 3 — El Rostro de Dios   28

Capítulo 4 — A Plena Vista   38

Parte 2 — Desarrollar la Mirada Para Ver 42

Capítulo 5 — El Poder de la Mitología de la Creación   44

Capítulo 6 — La Mitología de la Creación del Génesis   53

Capítulo 7 — El ADN del Génesis   57

Capítulo 8 — El Espejo del Génesis   67

Parte 3 — El Código   74

Capítulo 9 — El Dios Infinito   76

Capítulo 10 — El Dios Encarnado   83

Capítulo 11 — La Serpiente   90

Capítulo 12 — Los Mapas de la Vida   111

Intermedio   118

Parte 4 — El Libro de Dios   122

Capítulo 13 — La Conciencia Pura   125

Capítulo 14 — La Mente Universal   135

Capítulo 15 — El Espíritu Santo   141

Capítulo 16 — Tú   151

El Libro del Génesis por James D. Tabor   163

Apéndice   174

Glosario   180

Agradecimientos   182

Avance de los Libros   184

Sobre el Autor   186

Contacto   187

Entrenamiento Diario con Richard Haight   188

Introducción

En este libro, como sugiere el título, exploraremos una enseñanza secreta que se encuentra en el antiguo Libro del Génesis. Para obtener una comprensión precisa, debemos tener cuidado de no asumir que en la antigüedad se enseñaba abiertamente como lo hacemos nosotros ahora. La gente moderna que lee las escrituras antiguas podría suponer que las enseñanzas manifiestas retratadas en esos textos reflejan lo que los autores originales realmente enseñaban y valoraban. Esta suposición es probablemente incorrecta por varias razones. Tenemos la suerte de obtener una rara visión de la disparidad entre las verdaderas enseñanzas y lo que se muestra públicamente a través de los relatos canónicos de Jesús.

¿Sabías que las verdaderas enseñanzas de Jesús eran secretas y que lo que se nos enseña en La Santa Biblia puede no incluir su enseñanza principal? Las citas atribuidas a Jesús en los libros de Mateo, Marcos y Lucas afirman claramente que Jesús ocultó sus verdaderas enseñanzas a todos, excepto a sus discípulos. La afirmación se encuentra en los tres evangelios sinópticos, lo que le da mucho más peso. Dado que los tres relatos hacen que Jesús parezca poco empático con las masas, una imagen que los primeros cristianos probablemente no querrían que se publicitara, es probable que la afirmación sea cierta.

Mateo 13:10-13 cita a Jesús de la siguiente manera:

> 10 Los discípulos se acercaron a él y le preguntaron: "¿Por qué hablas a la gente en parábolas?". 11 Él respondió: "Porque a vosotros se os ha dado el conocimiento de los secretos del reino de los cielos, pero no a ellos. 12 Al que tenga se le dará más, y tendrá en abundancia. Al que no tenga, se le quitará hasta lo que tenga. 13 Por eso les hablo en parábolas: "Aunque ven, no ven; aunque oyen, no oyen ni entienden".

Marcos 4:10-11 contiene casi el mismo relato:

> 10 Cuando se quedó solo, los Doce y los demás que le rodeaban le preguntaron por las parábolas. 11 Él les dijo: "El secreto del reino de Dios se os ha dado. Pero a los de fuera se les dice todo en parábolas 12 para que "vean siempre, pero no perciban, y oigan siempre, pero no entiendan; de lo contrario, podrían convertirse y ser perdonados".

Lucas 8:9-10:

> 9 Sus discípulos le preguntaron qué significaba esta parábola. 10 Él dijo: "El conocimiento de los secretos del reino de Dios se les ha dado, pero a otros les hablo en parábolas, para que, "'aunque vean, no vean; aunque oigan, no entiendan'".

Que Jesús mantuviera en secreto las verdaderas enseñanzas no debería sorprendernos, ya que los Evangelios nos dicen claramente que es así. Muchos poseedores de tradiciones antiguas se esfuerzan por proteger sus conocimientos. Lo que revelan al público suele distar mucho de lo que practican en secreto.

Resulta que soy portador de la tradición de varias artes samurái antiguas. Puedes entrenar durante años hasta alcanzar los niveles más altos, creyendo que sabes de qué va la práctica, solo para descubrir que los secretos vitales que desvelan el verdadero poder del sistema permanecen ocultos tanto para las personas ajenas como para los estudiantes avanzados. Incluso entre los estudiantes de más alto nivel, la mayoría nunca accede a esos secretos y sigue practicando, sin ser consciente de las "gemas" o el conocimiento que oculta el sistema.

Uno podría preguntarse por qué la gente ocultaría su arte o sabiduría de esta manera. En el caso de las artes que he heredado, históricamente se consideraba vital ocultar el conocimiento ante tu enemigo, ya que este podría utilizarlo contra tu clan si lo adquiría. Normalmente, los secretos más profundos solo se enseñaban a unas pocas personas, por lo general parientes cercanos del maestro. Muchas artes samurái antiguas se han perdido o se han diluido debido a este tipo de secretismo.

Imagínate que tu arte se transmite solo a unos pocos individuos de confianza que luego mueren o no lo transmiten. A falta de sucesores plenamente formados, los alumnos restantes toman el relevo y enseñan el sistema sin saber que les faltan conocimientos vitales. El arte continúa con su nombre, pero carece de gran parte de su verdadero valor.

La cuestión es cómo puede uno saber si ha descubierto e incorporado realmente esos secretos. En el caso de los sistemas que he recibido, lo sabes porque puedes hacer sin esfuerzo todo lo que el maestro puede hacer, y puedes crear nuevos métodos al instante. Eres libre en las artes marciales y, como resultado, todo ese arte se transforma: es una diferencia asombrosa.

Afortunadamente, las increíbles habilidades de los maestros dentro de las artes que estudio están bien documentadas, por lo que es fácil verificar si has incorporado las enseñanzas internas basándote en tus habilidades. Cuando alcanzas ese nivel de incorporación, el maestro, al menos en mi linaje, explica por qué estas cosas se mantienen en secreto, y se te concede la licencia de maestría completa.

Consideremos ahora a los antiguos judíos, de quienes se dice que fueron esclavizados en Egipto durante un siglo y perseguidos implacablemente dondequiera que fueran después. ¿Con qué cuidado protegerían sus secretos interiores? Tal vez lo que conocemos del judaísmo es solo la enseñanza superficial.

¿Qué pasaría si los mayores secretos del judaísmo y el cristianismo se hubieran perdido hace miles de años? ¿Cómo lo sabríamos? No lo sabríamos, y ellos tampoco. Parece que he encontrado precisamente este tipo de secreto en el Génesis, el primer libro de la Santa Biblia. Creo que puede ser la "verdad que te hará libre", que se perdió hace miles de años.

Introducción

Es una afirmación audaz, lo sé. Con una afirmación así, este libro tiene mucho que cumplir; después de todo, esta fue la promesa de Jesús hace unos 2000 años, cuando dijo: "Conoced la verdad y la verdad os hará libres".

Dicho con más precisión, no es solo el estado de conocer la verdad, sino la aplicación adecuada de ese conocimiento, lo que nos hace libres. ¿Y quién no querría ser libre? La respuesta depende del tipo de libertad al que nos refiramos y del precio de esa liberación.

La libertad de la que hablamos aquí requiere compromiso y responsabilidad para realizarla y mantenerla. Mucha gente no quiere comprometerse ni asumir las responsabilidades necesarias, y esto es totalmente comprensible. Al fin y al cabo, la vida moderna es muy apresurada y ajetreada. ¿Por qué íbamos a querer asumir un nuevo reto teniendo en cuenta el poco tiempo libre que tenemos?

Dado que el tiempo es algo que nunca podremos recuperar, asegurémonos primero de que este libro está en consonancia con tus objetivos. Por favor, plantéate estas preguntas mientras lees los siguientes párrafos:

- ¿A qué tipo de "libertad" se refiere el libro?
- ¿Deseas ese tipo de liberación?
- ¿Estás dispuesto a aceptar el reto de descubrir tu verdadera naturaleza?

En primer lugar, exploremos el significado de la liberación tal y como la utilizo aquí. No me refiero a librarse de la muerte física, la enfermedad, el dolor, la desgracia o los malos tratos; como muestra la historia, sin excepción, esas experiencias le ocurren a todo el mundo. Me refiero más bien a una libertad de naturaleza psicológica y espiritual.

Por "libertad", me refiero a liberarse del ensimismamiento compulsivo. Liberarse de la arrogancia, el resentimiento y la condena. Liberarse de los ciclos aparentemente interminables de responsabilidad, vergüenza y culpa. Liberarse de los pensamientos y creencias inútiles y de los tormentos de la ansiedad y la depresión emocional, del arrepentimiento del pasado y del miedo al futuro. En definitiva, me refiero a liberarse de aquello que engaña a nuestras mentes y emociones.

La verdad oculta en el libro del Génesis es realmente un principio guía que reside en la raíz misma de la percepción humana. Cuando empiezas a darte cuenta y a corregir tu vida basándote en este principio, es normal que experimentes cierto grado de resistencia interior, como si algo dentro de ti se sintiera amenazado.

Puede que tengas momentos de miedo visceral sin razón aparente. Dale un poco de tiempo y verás que se te pasa. Es posible que tengas poco o ningún miedo hasta bastante tarde en el proceso. Eso está bien. Dicho esto, casi todo el mundo experimentará cierto grado de resistencia psicológica al proceso, a medida que los aspectos de nuestra identidad que ya no sirven, pero que todavía sentimos como parte de nosotros, empiezan a desprenderse.

En cuanto a la resistencia, lo mejor es aceptarla como una parte natural del proceso, sin tratar de escapar de ella o evitarla. La resistencia que puedas experimentar es subconsciente, casi instintiva, y, por lotanto, no es culpa tuya, así que no hay razón real para preocuparse demasiado por ella.

Para aplicar con éxito *el principio*, es necesario desprenderse del equipaje interior. Podríamos ver *el principio* metafóricamente como un fuego purificador que quema la falsedad dentro de nosotros,

Introducción

dejando solo lo que no puede arder: el verdadero tú.

A través del proceso de quemado, es probable que experimentes momentos de catarsis. Y con esas liberaciones, lo que no puede arder inspira, guía y aclara tu vida. A través del proceso de quemado, tu vida se vuelve vibrantemente equilibrada y abierta en formas que te resultan difíciles de imaginar mientras lees este pasaje. Hablando de forma práctica, te liberas cada vez más de la basura mental y emocional que te ha estado frenando e impidiendo vivir una vida más auténtica.

El principio que está en el corazón de este texto no es de naturaleza ideológica, filosófica ni religiosa; tampoco es un esquema de "pensamiento positivo". En cambio, lo que surge de este proceso es más fundamental para la naturaleza del ser que esas estrategias inventadas por la mente. De hecho, *el principio* funciona para deshacer las estrategias mentales inútiles, muchas de las cuales entran en las categorías de ideología, filosofía y creencia.

Aplicar con éxito esta verdad recién redescubierta a tu vida no significa que la vida vaya a ser fácil. Hagas lo que hagas, la vida va a ser un reto. La cuestión es si quieres afrontar los retos con los ojos y el corazón totalmente abiertos. Si quieres esa capacidad, ese tipo de libertad, entonces *El Código del Génesis* probablemente es para ti.

Debes tener en cuenta que *el principio* no requiere una creencia religiosa, lo que significa que funciona incluso si no crees en Dios. *El principio* no discrimina ninguna cultura, etnia, color de la piel, clase social ni el estatus en el mundo. Funciona exactamente como lo aplicas, ni más ni menos.

El principio reside en el nivel de la unidad perceptiva, donde todos somos iguales. Llegar a ese nivel de unidad requiere que suavicemos las creencias que nos impiden acceder plenamente a ese nivel de percepción. ¿Estás dispuesto a cuestionar y suavizar tus creencias, especialmente las más cómodas? No funcionará si te niegas a renunciar al menos a eso.

Si se emplea en su totalidad, la verdad oculta del Génesis revolucionará la forma en que te ves a ti mismo y a la vida al disolver las divisiones internas y las motivaciones inútiles que causan todo tipo de desarmonía. El resultado de dicha disolución es una sensación integrada de unidad con la vida, la claridad y la ligereza de corazón. El grado de unidad, claridad y ligereza que sientas dependerá de la profundidad con la que te abras y de lo bien que apliques *el principio* en tu vida diaria.

No soy reverendo, pastor, monje o sacerdote. Nunca he asistido a un seminario y no tengo intención de hacerlo. De hecho, no he asistido a ninguna reunión religiosa de ningún tipo en más de 25 años. Como ya he dicho, no soy un seguidor de la religión. En cambio, soy un practicante de toda la vida de las artes de la conciencia de la mente y el cuerpo: marciales, meditativas y terapéuticas.

Esto nos lleva a la cuestión de cómo descubrí el código. Desde la infancia, he sido un receptor habitual de experiencias místicas que revelaban algún grado de la naturaleza de la existencia, la mente y la conciencia. Compartir lo que he recibido con el mundo es una alegría absoluta. A medida que comparto, se revela aún más.

Dejaré que seas tú quien determine si lo que comparto aquí tiene valor en tu vida. Para mí, el valor del *principio* es directamente proporcional a cómo su aplicación mejora la calidad de mi experiencia diaria. Podrías aplicar la misma métrica en tu evaluación de este libro y del *principio* que revela.

Después de haber dicho mucho sobre lo que es *El Código del Génesis*, permíteme decir lo que no es. Aunque este libro contiene relatos pertinentes de experiencias reveladoras, no es un libro de memorias. *El Código del Génesis* no nace del pensamiento de la Nueva Era, el gnosticismo, la cábala, el hinduismo, el budismo, el taoísmo ni ningún otro ismo. Sencillamente, este libro revela un *principio* fundamental que se encuentra en el libro del Génesis—y punto.

Para reiterar, si quieres mejorar fundamentalmente la calidad de tu vida liberando los patrones internos y las divisiones que ya no te sirven, *El Código del Génesis* es para ti.

El código siempre ha estado en el Génesis esperándonos. Yo no pude verlo hasta que me lo mostraron. Si necesitas ayuda para descifrar el Génesis, como ha sido mi caso, este libro puede serte útil.

Herramientas Para el Éxito

Mentalidad

Como Jesús advirtió tantas veces: "A los que tienen ojos para ver y oídos para oír, se les dará más; y a los que no los tienen, se les quitará aún más". Si entiendes las enseñanzas y las aplicas a tu vida, aún te beneficiarás más, aún entenderás en más profundidad. Pero si percibes mal las enseñanzas, aún mayor será tu confusión como resultado de las mismas. Es prudente proceder con cuidado. Este libro hace todo lo posible para preparar tus ojos para ver. Si practicas *el principio* con total honestidad hasta el fondo de tu alma, ¡los beneficios te asombrarán!

    Tener los ojos para ver y los oídos para escuchar significa en gran medida tener un corazón honesto y abierto, y la capacidad de dejar de lado las nociones preconcebidas que pueden sesgar, empañar o bloquear la comprensión por completo. Por lo tanto, para sacar el máximo provecho de *El Código del Génesis*, prepárate para dejar de lado las creencias fuertemente arraigadas, al menos mientras lees, y céntrate en la honestidad. Ver el significado detrás del código no requiere un gran salto de fe, pero ayudará a estar completamente abierto a las enseñanzas a medida que llegan. Siempre puedes rechazarlas después, si quieres.

La Biblia Inglesa Transparente

Dado que este libro está dedicado a exponer las enseñanzas esenciales del Génesis, era esencial encontrar la traducción al inglés más correcta del texto hebreo original. Para mi sorpresa, descubrí que las diversas traducciones populares carecen de la precisión, sutileza y profundidad del hebreo original. Dichas traducciones tienden a pasar por alto información aparentemente no esencial, la cual es útil para la correcta transmisión del código.

Aunque el código, tal y como yo vi, se alinea muy bien incluso con las traducciones bíblicas inglesas modernas, ciertos significados asumidos, vaguedades y discrepancias dentro de esas traducciones pueden confundir a los lectores. Para verificar realmente el código, me interesaba encontrar una traducción que reflejara con mayor precisión el hebreo original.

Para mi asombro, apareció una nueva traducción apenas unos meses después de encontrarme con el código. No fui consciente de esa dulce serendipia hasta que una alumna mía de meditación, Linda LaTores, al tanto de mi búsqueda, me envió un ejemplar de *The Book of Genesis: A New Translation from the Transparent English Bible*, de James D. Tabor. Cuando abrí el libro en Génesis 1 y comencé a leerlo, la inspiración surgió. ¡Esta era la traducción que había estado buscando!

Como no quería distorsionar el texto para adaptarlo a nociones preconcebidas, me pareció que lo mejor era incluir todos los capítulos que pertenecen a *El Código del Génesis*, exactamente como los tradujo el profesor Tabor. Las estrictas leyes de derechos de autor, por supuesto, impiden esa posibilidad, a menos que el autor lo autorice. Me puse en contacto con el Dr. Tabor para solicitar el uso completo de esos capítulos. Me sorprendió recibir una cálida respuesta suya, en la que no solo me concedía los derechos del texto completo, sino también de las notas que lo apoyan.

La traducción del Dr. Tabor es muy detallada y conlleva un innovador sistema de notas, superíndices, mayúsculas, negrita, cursiva y espaciado para transmitir información adicional. Cuando llegues al texto traducido a partir de la segunda parte, consulta la Guía del Lector de la Traducción de Tabor, que se encuentra al final de esta sección, para entender la traducción tal y como debe ser. Con mis mayores esperanzas superadas, y con la bendición del Dr. Tabor, incluyo aquí su traducción.

Muchos pasajes se repetirán a lo largo del libro, por lo que, para evitar el desorden, eliminaré las notas que no sean inmediatamente pertinentes a lo que se indica en ese momento. Las notas completas se encuentran al final del libro. Observará que la numeración de las notas de mi comentario no sigue un orden numérico. También hay amplios espacios en la traducción destinados a indicar al lector quese detenga y reflexione. Los he eliminado del texto incorporado en mis capítulos, pero puedes encontrarlos en la traducción completaal final del libro.

Como el contenido relacionado con el código se centra principalmente en solo tres capítulos, animo encarecidamente a cualquier persona interesada en el libro completo del Génesis a comprar el libro del Dr. Tabor para los otros 47 capítulos. Su traducción fiel a la fuente contiene la transmisión en inglés más cautivadora del libro del Génesis hasta la fecha. ¡La recomiendo encarecidamente!

The Book of Genesis, por James D. Tabor,
Enlace de Amazon para la edición impresa o Kindle:
https://www.amazon.com/dp/B08GGB8X84

La Guía del Lector de la Traducción de Tabor

> La *cursiva* indica palabras que **no** están en el hebreo, pero que se han añadido para mejorar el estilo inglés

> Nombres o términos de Dios como ELOHIM, YHVH o ADONAI están indicados en MAYÚSCULAS

> Las notas explicativas se encuentran en la parte inferior de la página y se indican con un número en superíndice[2]

Capítulo 3:14 Y YHVH ELOHIM dijo hacia la Nachash: "Por haber hecho esto, maldita *serás* sobre todo animal, y sobre todo ser viviente del campo; sobre tu vientre andarás, y polvo comerás, todos los días de tu vida^p. **15** Y pondré hostilidad entre tú y la mujer, y entre tu descendencia y la suya[1]; *él* te golpeará[2] en *la* cabeza, y *tú* le golpearás en *el* talón". **16** A la mujer dijo: "Multiplicaré, ¡*seguramente* multiplicaré! tu angustia[3] y tu embarazo; en la angustia darás a luz hijos, y a tu hombre[4] *será* tu anhelo, y *él* gobernará en[5] ti". **17** Y a *la criatura terrestre*[6] le dijo: "Por haber escuchado a[7] la voz de tu mujer y haber comido del árbol que te mandé decir: 'No comerás de él', maldita *es* la tierra por tu culpa. En la angustia[8] la comerás todos los días de tu vida^p; **18** y te brotarán espinas y cardos, y comerás la planta del campo. **19** Con el sudor de tus dos narices comerás el pan, hasta que vuelvas a la tierra, porque de ella fuiste tomado; porque polvo *eres*, y al polvo volverás".

> Las palabras en **negrita** y *cursiva* indican un énfasis especial en el hebreo

> El masculino^m, el femenino^f, el singular^s, el plural^p, la causa^c y el artículo definido^d están indicados por estas pequeñas letras de superíndice

> Estos "espacios en blanco" especiales se encuentran en los manuscritos hebreos originales, indicando una pausa en el pensamiento o un énfasis de una sección del texto

---

[1] O "descendencia", el término hebreo 'zera' se refiere normalmente a la "semilla" masculina, pero puede referirse también a la reproducción femenina (Gn 16:10; Lv 12:2).
[2] O "magullar".
[3] O "dolor", la misma palabra que en el v. 17b.
[4] Término hebreo 'ish'.
[5] Es decir, con respecto a.
[6] Término hebreo 'adam, criatura terrestre, sin el artículo, probablemente aquí el nombre propio.
[7] Literal "oído a".
[8] O "dolor", la misma palabra del v. 16.

Recursos en Línea

Cuando abordo material relacionado que se encuentra en otras partes de la Biblia, incluyo citas de la Nueva Versión Internacional (NVI), ya que constantemente ocupa un lugar destacado en las listas de las traducciones bíblicas modernas más populares y precisas. Si no tienes una copia física de la NVI, te recomiendo que utilices Biblegateway.com o Bibliaparalela.com para verificar los pasajes de la NVI.

Al utilizar estos sitios web, puedes introducir el número del libro, el capítulo y el versículo tal y como lo he indicado, y el sitio web te llevará instantáneamente al texto. ¡Es muy sencillo!

Si deseas leer un capítulo entero para obtener el contexto de las citas bíblicas, solo tienes que eliminar los números que aparecen después de los dos puntos. Por ejemplo, si indico Mateo 5:14-16, y quieres ver no solo esos versículos sino todo el capítulo, entonces solo debes introducir Mateo 5 en el campo de búsqueda de BibleGateway.com o Bibliaparalela.com.

Observarás que hay enlaces coloreados entre corchetes en el texto de Biblegateway.com y Bibliaparalela.com que no he incluido en mi libro. Los he eliminado en gran medida por motivos estéticos. Esos enlaces te llevan a las notas al final de la página de BibleGateway y/o Bibliaparalela, donde puedes ver traducciones de palabras alternativas. A menos que esas palabras alternativas reflejen con mayor precisión el código que la elección de palabras del traductor, generalmente no las incluyo en el texto. Recomiendo encarecidamente hacer clic en cada una de esas notas para ver las alternativas.

Parte 1
Revelaciones Místicas

El *principio* transformador del Génesis ha estado oculto a plena vista durante miles de años. Leí el Génesis una y otra vez y no lo vi en ningún momento. Finalmente, lo vi, pero para ser justos, no puedo atribuirme el mérito del hallazgo. Por razones que no puedo comprender, el código llegó a mí a través de una serie de sueños y experiencias místicas.

Aunque un cúmulo de experiencias de este tipo a lo largo de cuatro décadas me preparó para la revelación del código, principalmente solo unas pocas de esas experiencias proporcionan la base esencial necesaria para reconocer el código oculto en el Génesis. La Parte 1 de este libro comparte esas experiencias formativas para ayudarte a desarrollar la mirada, de manera que puedas ver el código por ti mismo.

El capítulo 1 esboza la primera experiencia mística, un sueño acerca de Jesús que marcó la dirección y el impulso de mi vida que finalmente me permitió ser consciente del código.

El capítulo 2 explora una experiencia directa de la fuerza

unificadora que muchos podrían llamar Dios. Esta experiencia transmite la mentalidad fundamental necesaria tanto para percibir el código como para emplear *el principio* que este revela.

El capítulo 3 explora la geometría de la conciencia unificada. Esta geometría permitirá a tu mente intuir e incorporar más eficazmente *el principio* del Génesis.

El capítulo 4 revela cómo me mostraron el código. Este capítulo te ayudará a desprenderte de creencias y prejuicios inútiles. Si permites que persistan sin control, esas fuerzas pueden impedirte ver todas las ramificaciones del código y *el principio* que transmite.

Como ya he dicho, la primera parte está dedicada a desarrollar la mirada para ver, lo que significa desarrollar la comprensión fundamental adecuada. Desarrollar una comprensión fundamental no solo te ayudará a adquirir conciencia del código, sino también a incorporar el principio que transmite en tu vida diaria. Sin la incorporación, el código no es más que otro trozo de desorden mental trivial que hay que tener en cuenta. Al menos para mí, la incorporación es incomparablemente más gratificante.

Capítulo 1
El Primer Contacto

Mi primera experiencia mística ocurrió cuando tenía unos ocho años. Me llegó tras un intento fallido de convertir a mis padres al cristianismo.

Un niño mayor informó al resto de los niños del barrio de que su madre impartía un estudio bíblico los miércoles por la noche. Nos advirtieron que era mejor que asistiéramos o seguramente iríamos al infierno. Asistimos.

Poco a poco, durante meses, el profesor nos adoctrinó para que creyéramos que éramos pastores del Señor. Nos dijo que Jesús quería que convirtiéramos a nuestros padres al cristianismo para salvarlos del fuego eterno del infierno. Creyendo plenamente al profesor, estaba decidido a convertir a mis padres.

Cuando volví a casa esa noche, pregunté a mis padres si podíamos hablar de religión y, para mi sorpresa, aceptaron. Nos reunimos en el comedor después de la cena para hablar del tema. Como mi padre sabía mucho más de religión que mi madre, la conversación fue principalmente entre nosotros dos.

Empezó la conversación preguntando si yo creía que Dios era la fuente del amor —a lo que yo contesté que sí. Luego me preguntó si creía que era amor enviar a alguien al infierno por no ser cristiano. Esta pregunta despertó en mí sentimientos de incertidumbre. Para demostrar su punto de vista, me pidió que me imaginara a mí mismo como Dios. Luego me preguntó si enviaría a alguien al infierno por no ser cristiano.

"Por supuesto que no", dije.

Luego me preguntó si amaría o respetaría a un Dios que enviara a la gente al infierno simplemente por no ser creyente. respetaría a detenidamente, me di cuenta de que no solo no respetaría a ese Dios, sino que lo odiaría. Mi padre me explicó entonces que había muchas personas en tierras lejanas que nunca habían oído hablar del cristianismo y que, por lo tanto, no podían elegirlo como religión. Me parecía mal que fueran al infierno solo por esa falta de información.

Luego explicó que otras religiones también afirman que solo los que rinden culto a *su* manera se libran del fuego del infierno. Yo estaba confundido. ¿Cómo pueden varias religiones hacer la misma afirmación? Me di cuenta de que, o bien todos vamos a ir al infierno, o bien esa doctrina en particular es falsa. En cualquier caso, si Dios actuaba según esta política, en mi opinión, no era digno de respeto.

Abrimos nuestras Biblias y empezamos a comparar versículos. Al comparar, mi padre señaló las diferencias entre las tres traducciones de la Biblia, y cómo, a partir de esas variaciones, se podía llegar a diferentes conclusiones. A continuación, dirigió mi atención a las diferencias encontradas en los relatos de la resurrección, los cuales están documentados en Mateo, Marcos, Lucas y Juan. Me sorprendió lo drásticamente diferentes que eran, incluso dentro de una misma versión de la Biblia.

Los cuatro relatos de ese momento crucial son tan incoherentes que ninguno de ellos parece digno de confianza. Los relatos van de lo sobrenatural a lo mundano, desde la entrada en la tumba a la permanencia en el exterior. A lo sumo, solo uno de esos relatos podía reflejar los acontecimientos reales en la tumba, pero no había forma de saber cuál, si es que había alguno.

Me pregunté cuánto de la historia de la vida de Jesús estaba igualmente distorsionada. Las evidentes discrepancias sembraban la duda en la fiabilidad de los cronistas de Jesús y, por lo tanto, de todo el relato de Jesús. En el fondo, seguía sintiendo que había un núcleo de verdad increíblemente importante en la Santa Biblia; pero no podía identificar cuál era exactamente esa verdad.

Al concluir nuestra conversación, mi padre me confió que no creía que nadie supiera la verdad sobre Jesús o Dios. A continuación, insistió en que, si realmente quería saber la verdad sobre Dios, tendría que ser muy honesto, mantener la mente abierta y seguir buscando.

Tuve la suerte de que mi padre había estudiado la Biblia y estaba dispuesto a discutir el tema honesta y respetuosamente conmigo, a pesar de que yo era solo un niño. Al contrario de lo que se podría suponer, nuestra conversación no me alejó de la Biblia, sino que me inspiró a tomarla más en serio. Me di cuenta de que tenía que eliminar mis prejuicios positivos y acercarme al libro con más honestidad. Incluso después de esa charla, seguí sintiéndome profundamente atraído por el relato de Cristo.

Poco después de esa conversación, tuve mi primera experiencia mística. Una noche, después de acostarme, me desperté en un estado de sueño que me pareció infinitamente más real y significativo que la realidad ordinaria, y me encontré con un hombre tumbado en el suelo en medio de mi habitación.

Despertar con un extraño en la habitación debería aterrorizar a cualquier niño, pero, extrañamente, no sentí ningún miedo. Miré a mi alrededor y me di cuenta de que la habitación estaba llena de un cálido resplandor que parecía atraerme hacia él.

Me levanté de la cama y me acerqué por su lado izquierdo. Al acercarme a él, nuestros ojos se encontraron. Al mirarle a los ojos, sentí como si me absorbieran infinitos pozos de sabiduría, compasión amorosa y profundo dolor. Instintivamente, supe que ese hombre era Jesucristo. No puedo cuantificar con precisión cómo lo supe; simplemente lo supe en lo más profundo de mi ser. Me miró a los ojos durante un rato y con una voz larga y prolongada dijo: "Ayúdame". En mi inocencia infantil, supuse que me pedía que le ayudara a levantarse, así que le agarré la muñeca izquierda con las dos manos y, con el mayor tirón que podía dar un niño de ocho años, intenté ponerlo de pie.

Para mi sorpresa, su brazo se deformó en mis manos como un globo de agua. Miré su cuerpo y vi que se hundía. Me di cuenta de que no tenía esqueleto. Confundido, volví a mirarle a los ojos. Después de un momento, repitió lentamente: "Ayúdame".

Me desperté llorando, confundido y con pánico, queriendo ayudar, pero sin saber cómo, queriendo volver a ese sueño pero sin poder hacerlo. Tuve el mismo sueño varias veces durante un periodo de unos seis meses. Cada vez que ocurría era exactamente igual hasta el más mínimo detalle, hecho que solo recordaba al despertar. Sin embargo, dentro del sueño siempre parecía como si fuera la primera vez.

El sueño me pareció tan significativo que su recuerdo me perseguía durante el día; la palabra "Ayúdame" resonaba en el fondo de mi mente dondequiera que estuviera. Me obsesioné con desentrañar el misterio de este sueño.

Lo único que quería era ayudar a Jesús. El único problema: no tenía ni idea de lo que Jesús quería de mí. Sentía una tremenda frustración después de cada sueño porque siempre me despertaba momentos antes de recibir su respuesta.

Al despertarme, recordaba las muchas veces que me había despertado igualmente confundido. La frustración surgía de una combinación de confusión y de la creencia creciente de que nunca recibiría una respuesta. Estaba atrapado en un bucle doble de un sueño repetido y un tormento emocional, deseando desesperadamente ayudar, pero sin poder hacerlo.

"Si pudiera permanecer en el sueño solo unos momentos más, tendría mi respuesta", pensaba.

Cada noche, antes de dormir, rezaba para permanecer en ese estado de sueño solo un poco más para escuchar la petición completa de Jesús. Durante meses, mis oraciones parecían inútiles, hasta que una noche, por fin, obtuve la respuesta.

El sueño era exactamente igual que siempre, pero inesperadamente, en el instante en que siempre me despertaba, el momento en que Jesús pide ayuda por segunda vez, una oleada de energía llenó mi cuerpo, anclándome en el sueño.
"¿Cómo puedo ayudarte?", pregunté.

Jesús me miró directamente a los ojos y, tras una pausa, dijo: "Encuentra mis huesos, porque son el núcleo de mi enseñanza. La mayor parte de lo que se ha escrito sobre mí es falso. La humanidad ha tergiversado tanto mis enseñanzas en beneficio propio que queda poco de su esencia. Lo poco que queda se pasa por alto en el ritual religioso y la confusión. Encuentra la esencia de mis enseñanzas y devuélvela al mundo. Así es como puedes ayudar. ¿Lo harás?".

Cada célula de mi cuerpo parecía iluminarse con inspiración. Supe que este era el propósito de mi vida. "Sí", dije, "lo haré". Con esa promesa, me desperté del sueño con una profunda sensación de alivio. Esa fue la última vez que vi a Jesús, y fue el comienzo de una búsqueda que ha durado toda mi vida del *principio* de sus enseñanzas: los huesos de Cristo.

Debido a que Jesús indicó que una pequeña porción de la esencia estaba retratada con precisión en la Santa Biblia y dado que no tenía otro lugar donde comenzar mi búsqueda, me dirigí a las escrituras. En retrospectiva, fue un acto de desesperación, porque, en lo más profundo de mis huesos, sabía que no adquiriría las enseñanzas esenciales leyendo libros o escuchando a las autoridades. No sabía cómo la encontraría, pero de alguna manera, sabía que se revelaría a través de mi experiencia de vida.

Capítulo 2
El Infinito

Pasaron unos quince años antes de que recibiera alguna información importante relacionada con mi promesa a Jesús. A principios de mis veinte años, finalmente hice progresos. Acababa de romperme el tobillo. El dolor era insoportable, y yo intentaba meditar más allá del sufrimiento. La intensidad del dolor servía para mantener mi mente totalmente presente en el esfuerzo meditativo. Instintivamente, sentí que tenía que perdonar cualquier negatividad que tuviera contra mí, contra otras personas y contra la vida. A través de un proceso de perdón, espontáneamente, los viejos recuerdos surgieron dentro de mi mente para ser vistos y liberados del juicio.

En algún momento del proceso, mi percepción del mundo físico se diluyó y entré en un abismo atemporal que me causó un gran temor. De alguna manera, supe que tenía que perdonar eso también. Cuando el miedo se disipó, también ocurrió lo mismo con la experiencia del abismo oscuro. Entonces experimenté un profundo ser unificado, y me di cuenta de que estaba en presencia del Infinito.

Sentí una inteligencia palpable y un poder tan perfecto y lleno de amor que desafiaba el lenguaje. La presencia era totalmente completa—sagrada. En ese instante, mi percepción del Infinito, limitada por el lenguaje, culturalmente condicionada y limitada por el tiempo, se evaporó.

El Infinito comenzó a comunicarse conmigo fuera del lenguaje a través de la comprensión directa. Parecía como si el conocimiento y la experiencia entraran en mi mente para ser comprendidos inmediatamente, sin pensar, de una manera que el lenguaje no puede transmitir adecuadamente. Cuando preguntaba por la naturaleza del Infinito, su respuesta, si se forzaba en palabras, sería algo así como "No hay otro".

Había leído en el Nuevo Testamento que Dios es el alfa y el omega. Alfa y omega son la primera y la última letra del alfabeto griego. El significado es que Dios es el principio y el fin, entero, completo, *todo lo que existe*, y así comprendí que estaba en presencia de lo que un cristiano podría llamar "Dios".

En esta presencia residía un poder incomprensible, pero que se sentía totalmente palpable. Si se trataba de Dios, era totalmente diferente de lo que había imaginado al leer la Biblia, pues no encontré ni una pizca de juicio o ira, cualidades que se atribuyen frecuentemente a Dios en el Antiguo Testamento.

En muchos sentidos, la experiencia del Infinito es lo contrario de esas historias, porque el Infinito es perfectamente indulgente (sabiendo que no hay nada que perdonar), no juzga y está lleno de amor incondicional. Su armonía es tan completa que no me sentí juzgado en lo más mínimo en su presencia. Sin embargo, más tarde, al compararme con el recuerdo de la totalidad perfecta, mis aparentes imperfecciones salieron a relucir de forma evidente.

Esta comparación posterior fue una formulación errónea creada por mi mente condicionada y mi ego. Creo que tales formulaciones duras han hecho que muchas religiones se desvíen con sus doctrinas sentenciosas. Basándome en mi experiencia, puedo ver fácilmente cómo lo que puede haberse originado en una verdadera comunión con el Infinito puede convertirse en una perspectiva de juicio asfixiante.

La experiencia del Infinito es mucho más real que la realidad física. Describir una experiencia del Infinito es más difícil que explicar la vista a una persona que nunca ha visto o el olfato a alguien que carece de nervios olfativos. A pesar de la aparente inutilidad, el deseo de compartirlo ha dado lugar a innumerables intentos fallidos.

Han llegado a existir muchas diferencias entre los seres humanos y sus creencias, pero la diferencia más fundamental reside en las creencias sobre la naturaleza del Universo y de la conciencia. Los teólogos tienen numerosas teorías sobre lo que es Dios, mientras que los científicos tienen innumerables nociones sobre la naturaleza del Universo.

Independientemente de la creencia o noción concreta, todas se reducen a dos perspectivas principales. La primera idea, generalmente adoptada por los individuos con mentalidad espiritual, sostiene que el Universo es consciente en su propia base, y por lo tanto todo es consciente. Esta noción se llama popularmente "panpsiquismo". La otra perspectiva principal, generalmente sostenida en la comunidad científica, supone que el Universo está formado por materia inconsciente y, por lo tanto, no tiene conciencia innata.

La afirmación del Infinito, "No hay otro", indica que no hay diferencia entre el Infinito y lo que consideramos el Universo, y por lo tanto no hay diferencia entre el Infinito y nosotros.

La visión religiosa típica de Dios difiere de la forma en que estoy usando la palabra Infinito aquí. Los líderes religiosos suelen ver a Dios como algo fuera de lo físico. Su perspectiva puede resumirse de la siguiente manera: existe Dios y existe algo distinto de Dios, que Dios creó. Esta dualidad causa a los humanos mucha confusión y desarmonía.

La perspectiva del "no hay otro" resuelve la confusión una vez que la mente se aclimata a la perspectiva. Exploremos la idea del panpsiquismo para ayudar a hacer ese ajuste. El panpsiquismo es una perspectiva que desconocía por completo hasta que la experiencia con el Infinito me la reveló a través de la afirmación de que no hay otro.

En la actualidad, el panpsiquismo es una noción creciente incluso en la comunidad científica, ya que todas las teorías materialistas hasta la fecha no logran dar cuenta de la conciencia en los seres humanos y los animales. La comunidad científica se resistió durante mucho tiempo a la idea de que los animales pudieran ser conscientes, pero las pruebas, cada vez más numerosas, sugieren lo contrario. Por ejemplo, los grandes simios, los elefantes, los delfines e incluso algunas aves como los cuervos y las urracas han demostrado la capacidad de reconocerse en un espejo, planificar el futuro y fabricar herramientas para cumplir esos planes. Todas estas capacidades son rasgos que hemos atribuido a la conciencia.

A medida que seguimos descubriendo que los animales comparten capacidades que antes suponíamos específicas de los humanos, nos vemos obligados a admitir o bien que los animales son conscientes o bien que no entendemos qué es la conciencia. Sospecho que ambas cosas son ciertas: no somos los únicos seres conscientes y no entendemos qué es la conciencia. Tal vez, solo tal vez, la conciencia es inherente a todas las cosas dentro del Universo. Tal vez la conciencia es el Universo.

El problema con el punto de vista materialista, que afirma que la conciencia es un subproducto de los procesos materiales, es que no tiene ninguna prueba verificable de lo que crea la conciencia -de dónde viene o cómo funciona-, y mucho menos de lo que es realmente la conciencia. Parece que la vida humana gira en torno a la conciencia, es decir, incluso según la métrica científica, la conciencia es absolutamente fundamental para toda experiencia. Tal vez la conciencia es lo que se experimenta, así como lo que es experimentado. Tal vez no haya otra cosa.

Por muy importante que sea la cuestión de la conciencia, hasta la fecha, el punto de vista materialista no ha conseguido avanzar en absoluto. Para ser justos, la conciencia es algo que la ciencia no nos ha ayudado a comprender todavía. Si somos seres conscientes, y si la conciencia es el centro de toda experiencia que tenemos, entonces significa que la ciencia, basándose exclusivamente en la lente materialista, no ha logrado proporcionarnos ninguna visión de nuestra naturaleza más profunda. Tal vez sea hora de que la ciencia le dé la mano al panpsiquismo.

Tal vez sea hora de que nos quitemos la banda de los ojos y olvidar su pretender que nos entendemos a nosotros mismos, a otros animales, a la vida o al Universo. Podríamos admitir primero queno sabemos y que la lente materialista puede ser insuficiente para la tarea antes de que podamos empezar a ver con ojos nuevos.

Lo que sí sabemos es que la conciencia es un elemento central en cada momento de nuestra vida de vigilia. Teniendo en cuenta la omnipresencia de la conciencia en toda la experiencia, cabría pensar que habría más científicos y más dinero en este campo que en cualquier otro. Aunque fuera un campo más popular y mejor financiado, hasta que no abandonemos el punto de vista materialista, es poco probable que la conciencia ocupe el lugar que le corresponde como nueva frontera de investigación. Hasta entonces, es probable que sigamos siendo ignorantes de nosotros mismos.

Capítulo 3
El Rostro de Dios

Como dije en el capítulo anterior, cuando le pregunté al Infinito sobre su naturaleza, me respondió "No hay otro". En realidad, "No hay otro" no es lo que el Infinito transmitió, sino mi traducción de lo que transmitió, para hacer una frase completa. Lo que realmente se transmitió fue "No otro". *No otro* significa que todo lo que *existe*, es el Infinito, lo que nos incluye a ti y a mí. Si hubo algo dentro de esa experiencia que me causó tormento, fue este concepto.

No podía hacerme a la idea de que, desde la perspectiva del Infinito, yo también formaba parte de eso. ¿Cómo es posible que pueda ser una pieza más de *todo lo que existe* y no saberlo? ¿Cómo podía sentirme pleno cuando, en mi propia opinión, era un manojo de desarmonía y confusión?

Durante años esa pregunta me atormentó. En mi interior sabía que la perspectiva del Infinito era cierta, pero realmente no podía entender cómo podía serlo. Parecía incapaz de visualizar la geometría que permitiera la totalidad de la experiencia del Infinito.

Tras la experiencia del Infinito, acertar con la pregunta se convirtió en mi objetivo. A partir de ese encuentro, comprendí que el pensamiento secuencial no era útil, así que abandoné el enfoque basado en el tiempo. Aun así, no llegaron las respuestas.

Para tener un sentido del Infinito, comprendí que necesitaba considerar las cosas a través de la lente del *potencial* en lugar de la existencia material. Comprendí que tenía que buscar una *unidad* sin fisuras en lugar de una separación. Sin embargo, mi mente me fallaba.

Pasaron aproximadamente dos décadas antes de que obtuviera claridad sobre esa cuestión, de nuevo a través de una experiencia mística. Una noche, mientras veía la televisión con mi familia, me encontré inesperadamente inmerso en un estado visionario que me reveló la geometría del Infinito. Como esta geometría probablemente ayudará a las mentes de otros a eludir gran parte de la confusión que yo experimenté, quiero compartirla aquí.

Aunque no soy capaz de articular completamente lo que experimenté, este modelo permite a la mente ver las cosas de una manera sin fisuras que se ajusta a la descripción de "no hay otro". Lo más importante es que esta perspectiva sin fisuras proporciona una clave para entender *el principio* que se encuentra en la mitología de la creación del Génesis.

En nuestro modelo, partiremos de la idea de que la conciencia es la base de *todo lo que existe,* como se describe en el capítulo 2. Imaginemos que esta conciencia fundacional no tiene forma real ni sustancia aparente. Podemos utilizar las matemáticas básicas para cumplir ese objetivo asignando a la conciencia fundamental un valor de cero en nuestro modelo. Para recordar al lector que el cero en nuestro modelo es consciente, me referiré a él de diversas maneras como "Cero" y como el "Testigo".

En nuestro modelo atemporal, de acuerdo con la afirmación "no hay otro", diremos que Cero (el Testigo) entiende que no tiene predecesor, pues sin tiempo no hay ni antes ni después. El Testigo está totalmente abierto conscientemente, lo que significa que está abierto a todo potencial, incluida la posibilidad de olvidar su propia naturaleza. Su apertura ilimitada permite incluso el potencial de la limitación, como el de parecer tener experiencias específicas, al igual que los humanos tienen sueños que pueden parecer bastante reales. Para el Infinito, estos estados oníricos son continuas especulaciones sobre su naturaleza, que los humanos podríamos entender mejor como hologramas, es decir, imágenes bidimensionales que solo parecen ser tridimensionales.

Aunque la mayoría de los seres humanos solo se han encontrado hologramas en libros y películas de ciencia ficción, todos tenemos sueños, que también experimentamos como tridimensionales cuando, de hecho, están contenidos en nuestra propia mente. Sin embargo, si el Universo es un holograma, para los seres humanos la experiencia de esos "sueños" es la realidad, pues estamos dentro de la mente del Testigo.

Aquí, algo de geometría nos ayudará a explorar más las proyecciones conceptuales y dimensionales del Testigo. Recuerda que en nuestro modelo el Testigo siempre suma cero. Dado que la naturaleza del Testigo es y será siempre cero, cada potencial que ve es instantáneamente contrarrestado por el potencial opuesto. Por ejemplo, la idea de "Es" estaría equilibrada por la idea opuesta "No es", mientras que "Soy" está equilibrada por "No soy". Con estas polaridades contrarrestadas en mente, el Testigo especula que existe y no existe simultáneamente.

Magnets

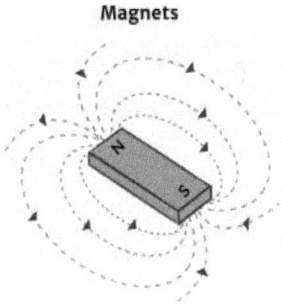

Figura 1: Flujos de energía magnética

Así que, para tener una idea visual del proceso del testigo, imaginemos que estas dos categorías primarias de conceptos (positivo y negativo) constituyen dos polos opuestos, como un imán. Como los dos conceptos se oponen de forma interdependiente, las fuerzas positivas y negativas se alejan del centro y se curvan la una hacia la otra, creando campos circulares de energía. Ahora imagina infinitas energías arqueadas que fluyen entre los polos, cada una de la cuales representa diferentes ideas positivas y negativas del ser. Véase la figura 1. El efecto combinado de estas innumerables corrientes de energía produce la forma de un toro, que es una forma de rosquilla o anillo. Véase la figura 2.

Observa que la imagen del toro en la Figura 2 se ha representado con un gran agujero en el centro para ayudarnos a visualizar la geometría. Teniendo esto en cuenta, imaginemos que ese agujero no se puede medir o es imperceptiblemente pequeño. Describo el agujero como inconmensurablemente pequeño porque no hay nada que esté realmente fuera del cero. Para poder compararlo, una medida real, vamos a necesitar algo distinto de lo que se está midiendo.

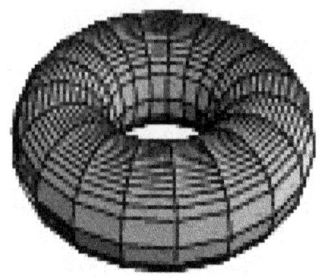

Figura 2: Toro

Para ejemplificar el punto, imagina que tú, todos y todo lo que conoces existe dentro de una caja. No hay nada fuera de la caja y nadie ha estado nunca fuera de ella. En ese escenario, no puedes medir realmente la caja. Al no poder salir de ella, solo puedes medir la caja en relación con lo que hay dentro, desde tu limitado punto de vista. Sin una perspectiva más amplia, que requeriría salir de la caja, careces de un medio preciso para medir su tamaño real o cualquier cosa que haya dentro de ella. En efecto, el tamaño de la caja es cero, al igual que todo lo que hay en su interior, aunque no lo parezca.

Recordatorio: el cero es la suma del agujero y de las corrientes arqueadas de energía que componen el toro. El agujero es obviamente cero, mientras que las energías de arco positivas y negativas se equilibran a cero.

A continuación, imaginemos una esfera formada por múltiples toros, como un planeta, con polos cargados en la parte superior e inferior. Véase la figura 3. Podríamos imaginar que el polo de arriba representa la polaridad positiva desde la que se proyectan ideas afirmativas como "yo soy", mientras que el polo de abajo representa el polo negativo, que representa "yo no soy". La idea ordenada de "yo soy" se curva hacia su opuesto interdependiente.

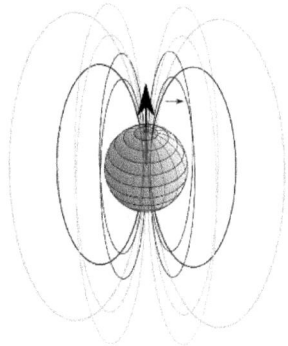

Figura 3: Esfera de múltiples toros

Las innumerables hebras arqueadas unidimensionales de las energías especulativas opuestas (los toros) se combinan para formar lo que podría parecer una superficie tridimensional lisa.

Cuando recordamos que el Infinito está creando continuamente proyecciones holográficas, y que las proyecciones están compuestas de otras proyecciones, podemos visualizar el zoom en una proyección individual, una hebra arqueada, y ver que está rebordeada por esferas comparativamente más pequeñas, que también están formadas por hebras de energía nacidas de ideas duales interdependientes, ad infinitum. Así que, tanto si nos acercamos como si nos alejamos, cada toro compuesto de proyecciones holográficas parece ser tridimensional.

Así, podemos visualizar las continuas proyecciones del Testigo como estructuras tridimensionales no muy diferentes de nuestros propios cuerpos, que están formados por innumerables células microscópicas—cada una de ellas es un testigo, un centro de percepción, una danza de energía.

También podemos, como hice durante mi visión, ver infinitos conceptos opuestos que salen del Testigo, creando un efecto visual como una fuente de luz que sale de lo que se parece sorprendentemente a la pupila de un ojo.

Y, por último, de nuevo basándome en mi experiencia visionaria, podríamos comparar las continuas proyecciones holográficas del Testigo con las de nuestro universo, que está lleno de galaxias, sistemas solares, planetas y constelaciones estelares.

Así que ahora tenemos tres dimensiones aparentemente holográficas nacidas de una conciencia no formada que se explora a sí misma a través de ideas opuestas—nuestras células, nuestros ojos y nuestro universo. Solo un recordatorio: yo no soy físico. Solo estoy transmitiendo lo que presencié en un estado místico con el propósito de ayudarte a ver la vida como un campo unificado en lugar de un montón de partículas separadas o cuerpos atómicos al azar chocando entre sí. Si el modelo que ofrezco aquí ayuda a la mente a intuir el campo unificado del Testigo con mayor claridad, entonces cumple su propósito.

Como nuestra percepción está limitada por el tiempo, los humanos vemos las esferas dentro de las esferas como un proceso planificado e ideado por un creador. Sin embargo, cuando se ve desde la perspectiva abierta del Testigo, no hay pasado ni futuro, solo el presente: es una revelación, no una elección ni un plan.

Curiosamente, una hipótesis científica muy popular, denominada "universo de energía cero", afirma que el Universo tiene una suma de energía total de cero. Cómo es posible, podríamos preguntarnos. Pues bien, si todas las energías positivas se ven contrarrestadas por energías negativas, como es el caso de los átomos, en los que el recuento de protones (cargas positivas) coincide con el de electrones (cargas negativas), existe una energía neta nula, es decir, la suma de la energía del Universo es cero.

Una conocida crítica a esta hipótesis proviene de un cosmólogo cuántico, Christopher Isham. Isham sugiere que se requiere una "siembra óntica" para conjurar la energía positiva y negativa en primer lugar. La palabra clave "óntica" es un término filosófico que indica existencia física, real o existencia de facto.

La crítica de Isham presupone que la materia es, de hecho, una cosa. Si la realidad que percibimos se asemeja más a un holograma nacido de la conciencia cero, su argumento queda anulado, con perdón del juego de palabras.

¿Cómo podríamos saber si lo que llamamos realidad es un holograma o no? Nuestra intuición refuerza la forma en que nuestra mente está acostumbrada a enmarcar la realidad, lo que hace muy difícil determinar la verdadera naturaleza de la realidad. Sinceramente, no estoy seguro de cómo la ciencia podría determinar una u otra cosa, porque el método científico actual requiere comparaciones para sacar conclusiones. Si los científicos tuvieran una forma de salir de la realidad para realizar una medición comparativa, entonces podrían decirnos algo sobre esta cuestión. Por desgracia, salir de la realidad parece imposible, al menos según nuestra comprensión actual de la física.

Esto nos lleva de nuevo a nuestro Testigo Cero. Desde la perspectiva del Testigo, no hay ningún otro, y por lo tanto todo lo que se percibe y lo que lo percibe es ninguna cosa. En cierto modo, es justo decir que tú eres un ojo del Testigo. Yo soy un ojo del Testigo. Todo es el Testigo. Todos somos testigos.

¿Qué sentido tiene esta experiencia mística y la teoría del panpsiquismo que discutimos en el capítulo 2? ¿Debemos suponer que una roca es tan inteligente como un ser humano? Esa suposición no es necesaria si reconocemos que conciencia e inteligencia no son sinónimos.

Según Merriam-Webster, la "inteligencia" se define de la siguiente manera:

> (1) La capacidad de aprender o comprender o de enfrentarse asituaciones nuevas o difíciles. Equivalente a "razón" o al "uso hábil de la razón"
> (2) La capacidad de aplicar los conocimientos para manipular el propio entorno o de pensar de forma abstracta, medida por criterios objetivos (como los exámenes)

Merriam-Webster define "conciencia" de la siguiente manera:

> 1 a : la cualidad o el estado de ser consciente, especialmente de algo dentro de uno mismo
> b : el estado o hecho de ser consciente de un objeto, estado o hecho externo

Esencialmente, la inteligencia es la capacidad de hacer malabares con los datos, mientras que la conciencia, al menos como yo la entiendo, es la capacidad de percibir, de ser testigo.

Suponiendo que nuestras definiciones de inteligencia equivalen a la capacidad de hacer malabares o manipular datos y de conciencia a la capacidad de percibir, veamos algo de vida no humana para desarrollar un poco más la noción.

Puede que un insecto no sea capaz de hacer muchos malabares con los datos, pero sí percibe. De hecho, la Declaración de Cambridge sobre la Conciencia, firmada por destacados neurocientíficos en 2012, afirma de forma inequívoca que "los humanos no son los únicos que poseen los sustratos neurológicos que generan la conciencia. Los animales no humanos, incluidos todos los mamíferos y las aves, y muchas otras criaturas, incluidos los pulpos, también poseen estos sustratos neuronales".

Sospecho que a medida que se realicen más estudios, quedará más claro que todos los animales tienen una conciencia muy básica. Según lo que he visto a través de la experiencia mística, incluso un átomo tiene una conciencia fundamental de ser. Puede que un átomo no tenga los diversos sentidos y la capacidad de pensar como tú o yo, pero puede ser fundamentalmente consciente de su existencia.

Tanto si creemos que todo es consciente a un nivel fundamental como si no, nos ayudará recordar el concepto de panpsiquismo y la naturaleza unificada del ser cuando lleguemos a la mitología de la creación del Génesis un poco más adelante. De aquí en adelante, utilizaré indistintamente Cero, el Testigo y el Infinito. Testigo se emplea para indicar la naturaleza perceptiva fundamental del ser, mientras que Infinito se utiliza para indicar su inconmensurabilidad.

Capítulo 4
A Plena Vista

Una noche, durante el mismo año en que se produjo la experiencia mística que llamo "El Rostro de Dios", me vi inmerso en la última de las experiencias extraordinarias relevantes para este libro. Aquella noche no pude conciliar el sueño.

Mi cuerpo dio vueltas durante horas sin un solo pensamiento en mi mente. Finalmente, hacia las tres de la madrugada, entré en un estado crepuscular entre el sueño y la vigilia. Mi cuerpo se llenó de energía y supe que estaba entrando en una experiencia mística.

Allí, en el ojo de mi mente, estaba mi Biblia abierta, las páginas pasando rápidamente hacia atrás desde el final hasta el principio, deteniéndose finalmente en el Génesis 1, el texto inicial de la Biblia hebrea. El texto clave del Génesis estaba resaltado en amarillo. A continuación, las páginas avanzaban lentamente, resaltándose a medida que avanzaban. Al instante, comprendí que el texto resaltado era un código oculto que revelaba *el principio* de las enseñanzas de Jesús, que a los ocho años había prometido redescubrir y compartir con el mundo.

El estado visionario duró un tiempo indeterminado, pero una vez que terminó, mi cuerpo se relajó y caí en un profundo sueño. Cuando me desperté con el despertador unas horas más tarde, la visión aún estaba fresca en mi mente. Me apresuré a entrar en mi despacho para comparar lo que se me mostraba con lo que estaba escrito en mis diversas traducciones de la Biblia.

Me dirigí a Génesis 1. Para mi gran asombro, allí, ante mí, a la vista, estaba el código, incrustado en el lugar donde menos esperaba encontrarlo. El significado era tan obvio que me pregunté cómo no lo había visto antes. Después de todo, había leído el Génesis una y otra vez a lo largo de los años, disgustándome más con cada lectura. Claramente, en mi juventud, no tenía los "ojos para ver". Ahora podía ver que las enseñanzas de Jesús, si eran verdaderas, debían basarse en el *principio* oculto del Génesis.

Ahora, consideremos a Jesús y sus seguidores. Como ya comentamos en la Introducción, se cita a Jesús diciendo a sus discípulos (como se relata en los libros de Mateo, Marcos y Lucas) que, a las masas, solo les hablaba en parábolas para ocultarles la verdad. Es poco probable que un seguidor entienda lo que aún no está preparado para comprender. Uno debe aprender a contar antes de poder sumar o restar. Basándome en las muchas incoherencias entre los cuatro relatos canónicos de la vida de Jesús en Mateo, Marcos, Lucas y Juan, sospecho que quienquiera que escribiera esos relatos no tenía la base para entender el código y probablemente nunca fueron alumnos directos de Jesús. La gran mayoría de los eruditos bíblicos están de acuerdo en este último punto.

Mientras investigaba para este libro, descubrí que el evangelio más antiguo que se conserva es el de Marcos, en el que, al parecer, se basan los demás evangelios, Mateo, Lucas y Juan. La gran mayoría de los estudiosos del Nuevo Testamento creen que el

Evangelio de Marcos fue escrito hacia el año 70 de la era cristiana, unas cuatro décadas después de la supuesta muerte de Jesús.

Como prueba de la fecha tardía, señalan los detalles de Marcos sobre la primera guerra judeo-romana, así como la mención de la batalla dentro de las murallas de Jerusalén mientras los romanos la asediaban. El autor del evangelio de Marcos, sea quien sea, no era realmente un discípulo de Jesús. Los libros Mateo, Lucas y Juan, escritos décadas después de Marcos, también parecen haber sido escritos por personas que no fueron testigos de los acontecimientos de la vida de Jesús.

Si los relatos bíblicos de la vida de Jesús son de oídas, basados en interpretaciones incorrectas y en el deseo de popularizar una fe creciente, ¿cómo podemos confiar en ellos? Si soy sincero, no puedo. Pero, como demostrarán los próximos capítulos, el Génesis contiene el *principio* transformador, la verdad, que muchos de nosotros buscamos.

No importa cuántas personas enseñen *el principio*, si lo enseñan honestamente, es el mismo *principio*. Con esto en mente, mi lealtad es al *principio*, no a ningún maestro específico, incluyendo a Jesús. *El principio* es universal y primario, análogo a las matemáticas.

Nadie es dueño de las matemáticas. *El principio* no es el de Jesús, ni el de quien lo haya codificado en el Génesis. Es solo *el principio*.

El principio es tan sencillo que, una vez visto, no puede dejar de verse. Eso sí, al comienzo es un poco sutil, debido a lo contraintuitivo que es. Sin embargo, con la exposición repetida, el cerebro se abre a él. Cuando se abra, esa verdad empezará a desentrañar la prisión de la mente y revelará una mayor profundidad en nuestro interior de la que podríamos haber creído posible.

A Plena Vista

No esperes mover montañas, caminar sobre el agua o resucitar a los muertos; al menos, esa no ha sido mi experiencia hasta ahora. Si *el principio* ofende de alguna manera, debes saber que no es mi intención, aunque la ofensa puede ser una respuesta instintiva a lo que amenaza las creencias reconfortantes.

No he encontrado que estas creencias sean compatibles con *el principio*. Trabajando con *el principio*, tú, como yo, puedes descubrir que ya no necesitas este tipo de creencias. Mientras te guíes por *el principio*, verás que eres lo suficientemente fuerte como para manejar las vicisitudes emocionales de la vida directamente, sin necesidad del aislamiento emocional que ofrecen las creencias reconfortantes. Pero ten en cuenta que una vez que veas realmente lo que aquí delineo, por más que lo intentes, no podrás dejar de verlo.

Parte 2
Desarrollar la Mirada Para Ver

Antes de definir el código, hablemos de lo que no es. El Génesis, al igual que las mitologías de la creación de todo el mundo, presenta muchas capas de información, pero solo una de ellas representa el código. Un lector que no sea capaz de descifrar las distintas capas no lo verá, casi con toda seguridad.

Con el objetivo de desarrollar la mirada para ver, la segunda parte analizará las capas del Génesis que no representan el código.

Para lograr ese objetivo, en el capítulo 5 nos familiarizaremos con el poder de la mitología de la creación y los elementos comunes de la misma que se encuentran en todo el mundo.

En el capítulo 6, examinaremos específicamente el Génesis a través de la lente de la mitología de la creación, como aprendimos a hacer en el capítulo 5, para que podamos ser conscientes de las capas del Génesis.

En el capítulo 7, exploraremos las numerosas cualidades y rarezas esenciales del Génesis. Si no fuera por las peculiaridades del Génesis, no habría código. Estar atentos a los aspectos inusuales del texto nos ayudará a desarrollar nuestra mirada para ver el código cuando comencemos la tercera parte.

En el capítulo 8, examinaremos cómo nuestras ideas sobre la naturaleza de Dios y la realidad pueden distorsionar nuestra percepción del código. También señalo las trampas de la creencia ciega para que podamos empezar a ver a través de ellas y descubrir un sentido innato y natural del Infinito.

Capítulo 5
El Poder de la Mitología de la Creación

Por algún medio que no puedo comprender, el código ha sobrevivido intacto durante miles de años en forma escrita y posiblemente mucho más tiempo en forma oral. Su integridad es asombrosa si tenemos en cuenta los muchos factores que sirven para ocultar el código a la vista y los muchos pasos a lo largo del camino en los que podría haberse perdido por completo.

Casi todas las culturas antiguas del mundo tienen una mitología de la creación distinta. Aunque estas historias varían mucho de una cultura a otra, independientemente de la forma que adopten, tienden a compartir ciertos elementos que ayudan a garantizar la supervivencia de las sociedades que las adoptan. Dado que nos ocuparemos del mito de la creación del judaísmo, es conveniente que comprendamos estos elementos comunes, ya que nos ayudarán a superar los prejuicios que podamos tener a favor o en contra. El ejercicio de purgar nuestros prejuicios es necesario para desarrollar la mirada para ver y apreciar el código.

Los seres humanos, a diferencia de la mayoría de los animales, carecen de colmillos, piel y garras, por lo que nuestra supervivencia depende en gran medida de la cohesión cultural. Aunque la pertenencia a un grupo desempeña un papel importante en el bienestar humano incluso en los países más avanzados tecnológicamente, los pueblos que viven de forma más primitiva dependen de la cohesión de grupo para sobrevivir más que los que viven en el mundo de la alta tecnología.

Por un lado, las historias de la creación son herramientas de supervivencia sin las cuales los seres humanos no habrían sobrevivido lo suficiente como para entrar en la era de la ciencia. Irónicamente, una vez en la cómoda era de la ciencia, nos puede resultar fácil descartar las historias de la creación de nuestros antepasados como supersticiones tontas e innecesarias que deberían eliminarse para mejorar la humanidad.

Para la mente moderna, generalmente secular, la combinación de ciencia, filosofía e ideología política puede cumplir funciones similares a la mitología. No se sabe si esos elementos consiguen el mismo grado de cohesión de grupo y de supervivencia a largo plazo, pero la cuestión se debate cada vez más a medida que nuestras sociedades pierden aparentemente la estabilidad social, económica y ecológica a un ritmo creciente.

Aunque nos sintamos tentados a hacerlo, es prudente no adoptar una visión superficial o despectiva de la mitología de la creación. Si lo hacemos, pasaremos por alto los elementos más profundos de la mitología de la creación, que podrían resultar vitales para nuestra supervivencia a largo plazo. Con la mirada puesta en los detalles, veamos los principales elementos comunes a la mayoría de los relatos de la creación para comprender su función.

El primer elemento común a muchos mitos de la creación en todo el mundo es lo sobrenatural, normalmente en forma de creador o creadores. El elemento sobrenatural proporciona objetivos compartidos de culto para la sociedad, un valor supremo común. El hecho de que el creador sea un ser o muchos parece menos relevante que el acuerdo comunitario del pueblo de respetar o adorar a ese ser o esos seres.

En general, el elemento sobrenatural representa el politeísmo, el culto a múltiples dioses. Se dice que el politeísmo se encuentra en las culturas nativas de todo el mundo. En Japón, el sintoísmo se considera a menudo un ejemplo de politeísmo porque afirma que hay un espíritu o una deidad distinta para casi todo. Según el sintoísmo, el Kami (Deidad) existe en todas las cosas de la naturaleza y en todo el Universo.

Si profundizamos en las culturas que parecen ser politeístas, lo que solemos encontrar es en realidad el panteísmo, que es la creencia de que el Universo es la expresión de lo divino, o el henoteísmo, que es la creencia de que múltiples dioses inferiores son la expresión de o bajo una Deidad singular global que está en todo.

Tomemos como ejemplo al pueblo lakota de las Grandes Llanuras de Estados Unidos, que suele considerarse politeísta por su creencia en los espíritus de la naturaleza. También creen en Wakan Tanka, que se traduce como "El Gran Espíritu". Wakan Tanka, según la creencia lakota, es lo sagrado en todas las cosas. El Gran Espíritu mantiene unidos el Universo y las deidades.

Otra religión de Oriente, el hinduismo, suele considerarse politeísta, aunque podría ser perfectamente panteísta o henoteísta. En el hinduismo, todo se considera una expresión de lo divino, pero dentro de lo divino hay muchas deidades. Mientras la sociedad en su conjunto esté abierta a la idea de que todos y todo es una expresión de lo divino, se puede mantener la cohesión social.

El monoteísmo, que es el culto a una deidad singular, es históricamente hablando, un concepto bastante nuevo, y se asocia principalmente con el cristianismo moderno, el judaísmo y el islam. Aun así, gran parte de lo que se considera monoteísmo es posiblemente henoteísmo. Por ejemplo, los musulmanes y los judíos suelen argumentar que el cristianismo no es monoteísmo, sino henoteísmo, debido a la creencia cristiana de que Dios es trinitario por naturaleza, compuesto por el Padre, el Hijo y el Espíritu Santo. El henoteísmo sostiene que las múltiples deidades son expresiones de una sola esencia divina, que es lo que los hindúes piensan de Dios. La única diferencia es el número de representantes de Dios. En el cristianismo, hay tres en uno, si se descuentan los ángeles, mientras que en el hinduismo hay innumerables dioses en uno.

En cualquier caso, ciertamente existe una gama de creencias religiosas dispares en las distintas sociedades, y muchas de estas estructuras sociales religiosas han existido durante miles de años. Parece que, mientras la mayoría de la gente de cada sociedad acepte ese valor común superior, ya sea la adoración de múltiples dioses, un Dios supremo que se ramifica en dioses inferiores, o un Dios singular que es totalmente independiente de lo físico, la creencia compartida promueve la cohesión social.

La creencia en un valor superior común parece haber sido y puede seguir siendo esencial para la supervivencia a largo plazo de las sociedades de todo el mundo. La narrativa sobrenatural proporcionó ese valor común. Parece que el valor común compartido y el sentido de significado que proporciona lo sobrenatural ha sido el principal beneficio, pero también hay otros beneficios.

El elemento sobrenatural de la mitología proporciona las respuestas fáciles a las preguntas sobre los orígenes del pueblo, la patria, el planeta o el Universo. Por ejemplo, el mito de la creación de los pueblos Lenape de América del Norte afirma que la tierra se sostiene sobre el lomo de una tortuga gigante, mientras que el mito hindú dice que unos elefantes gigantes sostienen la tierra.

Estas historias saciaron la curiosidad de la gente, al menos hasta que la ciencia demostró que eran inadecuadas. Sin la ciencia, estas historias eran todo lo que teníamos para responder a las preguntas sin respuesta. Hay que tener en cuenta que los líderes atraen a sus seguidores porque parecen seguros de sí mismos. Para las masas, parece que un líder que dice "no lo sé" es poco atractivo, incluso cuando "no lo sé" es a menudo la respuesta honesta.

Por muy inteligente que sea una historia de la creación, nunca podrá satisfacer verdaderamente a una mente decidida a comprender la causa de la existencia. Los individuos que cuestionan abiertamente la historia suelen ser considerados atípicos y a veces son expulsados del grupo por no rendir el culto adecuado. Dejando a un lado a los que se salen de la norma, las respuestas mitológicas a las preguntas sobre el origen parecen satisfacer a la mayoría de los niños, lo que en cierto modo libra a los mayores de las muchas preguntas que no pueden ser respondidas. Si has criado a niños muy inquisitivos, puede que simpatices.

Una de las principales ventajas de los relatos de la creación es su importancia a la hora de establecer y mantener las normas sociales. En el Kojiki, el mito de la creación japonesa, por ejemplo, hay dos dioses que crean juntos las islas japonesas. Un dios es masculino (Izanagi) y el otro femenino (Izanami). En su ceremonia matrimonial, la mujer toma inapropiadamente la iniciativa y se dirige primero al hombre. Esta acción va en contra de las antiguas normas culturales japonesas, según las cuales el hombre debía dirigirse primero a la mujer, porque la energía masculina se considera asertiva como un pene, mientras que la femenina se considera receptiva como una vagina.

La historia cuenta que su primer hijo nació deforme como consecuencia de dicho paso en falso. Para corregir el problema, tuvieron que rehacer la ceremonia matrimonial, asegurándose de que el hombre se dirigiera primero a la mujer. Esta historia de la creación parece reforzar un protocolo social, en el que se esperaba que los hombres llevaran la voz cantante.

Sin la adhesión que proporcionan las normas sociales, parece que una sociedad no puede mantenerse unida bajo la presión de la vida primitiva, que requiere una clara separación de roles y trabajo entre los sexos, los grupos de edad y, a veces, entre las clases. Efectivamente, la división del trabajo se va desarrollando en las historias, donde los hombres desempeñan un determinado papel y cargan con ciertas responsabilidades, y las mujeres desempeñan otro papel y cargan con otras responsabilidades. En su conjunto, esta estrategia funciona independientemente de cómo cada tribu particular reparta las responsabilidades.

Además de proporcionar un valor superior compartido, responder a las preguntas sobre el origen y proteger las normas culturales, muchos mitos de la creación incluyen justificaciones del derecho de un pueblo a la tierra que ocupa. Algunos relatos van más allá y justifican el derecho del pueblo a arrebatar la tierra a otros pueblos "menos creyentes" o a esclavizarlos.

La adquisición forzosa de tierras y recursos es una tendencia desagradable, sin duda, pero es común a muchas otras formas de vida, no solo a los humanos. La diferencia entre los humanos y otros animales es que los humanos parecen tener la necesidad de crear relatos para calmar las conciencias. Las historias de la creación, en algunos casos, sirven para justificar lo que de otro modo no sería justificable para la conciencia.

Para ser justos, ciertas creencias religiosas tienen el efecto contrario, impidiendo a la gente realizar acciones tan agresivas. Por ejemplo, la idea de que todos los seres humanos son creados iguales, que es una creencia integral del cristianismo, ayudó a alimentar los movimientos para acabar con la esclavitud y proporcionar la igualdad de derechos ante la ley, independientemente del color de la piel o el género.

Más allá de estos puntos en común, los mitos de la creación en todo el mundo también tienden a explicar las causas de la enfermedad y la muerte a falta de una comprensión científica de tales cosas, y cómo estar en sana comunión con las deidades, que a menudo se piensa que son, o al menos representan, la flora y la fauna del entorno. Los mitos de la creación también enseñan moral y ética, canciones, genealogías, leyes y relatos semihistóricos, es decir, relatos muy vagamente basados en historias reales.

Interpretar la mitología únicamente a través de la lente de los hechos científicos sería pasar por alto sus muchas capas y propósitos, propósitos que eran esenciales para la supervivencia de las tribus en el momento de la creación del mito. Aunque gran parte del contenido de las historias de la creación tiene poca o ninguna relevancia aparente para la vida moderna, estos relatos pueden contener elementos que resulten útiles o necesarios para los humanos modernos, elementos que la ciencia no está preparada para proporcionar.

En el mundo moderno, sigue habiendo mucho debate sobre el valor de las historias de la creación y la tendencia humana a abrazar las narraciones religiosas. El debate se lleva a cabo entre cuatro grupos principales que enmarcan las historias de maneras distintas, pero a menudo predecibles.

El primer grupo está formado por creyentes fundamentalistas que sostienen que las historias transmiten relatos factuales de la creación, una visión que está casi sin excepción en desacuerdo con los hallazgos científicos.

El segundo grupo se caracteriza por afirmar que los puntos de vista científicos sustituyen a los relatos religiosos, que son desechados como superstición. Podemos referirnos a ellos como los "nuevos ateos". No consideran que la tendencia de los humanos a crear narrativas religiosas pueda ser instintiva. Podemos ver que estas dos primeras voces son categóricamente opuestas, y yo sugeriría que ninguna de ellas nos ayudará en nuestros propósitos aquí.

El tercer grupo encaja de forma encubierta bajo el paraguas de los creyentes, aquellos que interpretan sus historias sagradas como metáforas destinadas a transmitir valores necesarios para una sociedad sana. Esta postura sociológica, si se la presiona, a menudo se desprende para revelar que quienes la sostienen creen de hecho en una deidad sobrenatural. Podríamos referirnos a estas personas como creyentes laicos.

Por último, un grupo más pequeño y creciente dentro de la comunidad con mentalidad científica sostiene que puede haber verdaderos impulsos biológicos para la perspectiva religiosa. Sugieren que no debemos apresurarnos a juzgar la tendencia religiosa, que puede ser un requisito para una sociedad sana.

Estos exploradores de mentalidad científica sostienen que, sin la religión, la ideología materialista llenará el vacío y puede causar mayores problemas que la religión. Su ejemplo más citado de ideología materialista que llena el vacío es lo que algunos han llamado "política de la identidad", una tendencia contemporánea a alinearse sin rechistar con divisiones categóricas como los partidos políticos, la orientación sexual, el color de la piel, la clase, etc., de forma intolerante, en nombre de la virtud. Los famosos psicólogos Carl Jung y el Dr. Jordan B. Peterson comparten esta perspectiva científica.

Según el Dr. Peterson, defensor de la psicología junguiana, cualquier idea que no pueda ser cuestionada es como un virus que se propaga a cualquier persona que esté abierta a la idea. Si el virus ideológico se propaga demasiado, inevitablemente desembocará en una tiranía o en un colapso total de la sociedad.

Las sociedades modernas están atrapadas, al parecer, entre las fuerzas de la ideología religiosa y la ideología secular. Si no se controla, esta tensión conducirá sin duda a un colapso mundial de los valores liberales que inspiraron el mundo moderno tal y como lo conocemos. Un número cada vez mayor de personas aplaudiría abiertamente ese resultado. Asumen sin pruebas que lo que venga después del colapso será una mejora. Es prudente señalar que nunca ha existido una sociedad sostenible basada en la ideología materialista.

Hay otro camino, un camino invisible, que está codificado en el Génesis. En la superficie, *el principio* puede parecer religioso, pero cuando se entiende en profundidad, podemos ver que *el principio* no es ni religioso, ni materialista, ni de naturaleza idealista. *El principio* es una criatura totalmente distinta.

Capítulo 6
La Mitología de la Creación del Génesis

El capítulo 5 proporcionó una visión general de los elementos mitológicos comunes para preparar nuestros ojos para ver Génesis 1-3 a través de la lente de la mitología. Aquí examinamos el Génesis a través de esa lente para ver cuál de esas capas contiene. Para ayudarte a desarrollar la mirada para ver, te indicaré muchos de los elementos que no forman parte del código. Podrías utilizar esas pistas como medio para acotar lo que crees que podría ser el código. Como demostrarán los próximos capítulos, casi nada de loque la gente considera importante o discute en Génesis 1-3 es el código.

El Génesis comienza con una deidad sobrenatural antropomorfizada que precede a la existencia del Universo y luego habla del Universo, del cielo, de la tierra, de las aguas, del suelo y de los seres vivos. Dice que el proceso de la Creación ocurrió en un periodo de seis días, con el séptimo día dedicado al descanso.

El séptimo día, llamado Sabbath, servía para que el pueblo judío rezara, descansara y reflexionara todos los sábados, lo que sin duda es bueno para la salud física y psicológica. La práctica saludable del Sabbath no es el código.

Entre otras cosas, los tres primeros capítulos del Génesis también sirven para educar al lector sobre la relación entre los seres humanos y el Infinito. Para ello, en Génesis 1 se nos presenta al creador todopoderoso. En el Génesis 2, se nos habla de la relación de amor entre el creador y la humanidad. En Génesis 3, se nos muestra la ruptura que se produjo entre la humanidad y el creador.

Estas historias transmiten la idea de que los seres humanos tienen el potencial de sanar esta grieta y así ser aceptados por Dios. Los judíos creen que las personas caen en la Gehenna (Infierno) debido a los pecados no expiados. En lugar de centrarse en el pecado, el judaísmo hace hincapié en la realización de buenas acciones (mitzvot). Durante la era mesiánica, que, según la mayoría de las sectas judías, aún no ha llegado, uno puede ser perdonado y aceptado para dar paso a la era de la paz universal.

La primera descripción abierta del pecado se encuentra en Génesis 4:3-7, cuando Caín hace un sacrificio inadecuado a Dios:

> Ahora Abel tenía rebaños y Caín trabajaba la tierra. 3 Con el tiempo, Caín trajo algunos de los frutos de la tierra como ofrenda al Señor. 4 Y Abel también trajo una ofrenda: porciones de grasa de algunos de los primogénitos de su rebaño. El Señor miró con buenos ojos a Abel y su ofrenda, 5 pero no miró con buenos ojos a Caín y su ofrenda. Entonces Caín se enojó mucho y su rostro se abatió. 6 El Señor le dijo a Caín: "¿Por qué estás enojado? ¿Por qué tienes el rostro abatido? 7 Si haces lo correcto, ¿no serás

aceptado? Pero si no haces lo correcto, el pecado estará agazapado en tu puerta; desea tenerte, pero tú debes gobernarlo".

En estos breves pasajes subyace la idea de que la virtud, practicada a través del buen comportamiento, nos permitirá ser aceptados por Dios. Lo contrario, el pecado, que según el pensamiento judío es hacer lo que no es bueno en la estimación de Dios, significa no ser aceptado por Dios. Sobre estos pocos pasajes se asienta la base del sistema judío de expiación que está plasmado en detalle en Éxodo, Levítico, Números y Deuteronomio. Esta distinción entre lo que Dios acepta y no acepta no es el código.

Génesis 2 afirma que el hombre fue creado antes que la mujer y que la mujer fue creada a partir del cuerpo del primer hombre. Esta idea ha servido de base a las enseñanzas culturales de que la mujer debe seguir al hombre. Además, en Génesis 3, cuando el hombre sigue a la mujer, el resultado es una caída de la gracia de Dios. Esto ha llevado a la enseñanza de que los hombres no deben seguir a las mujeres. Las enseñanzas sobre quién debe seguir a quién no es el código.

Todavía podemos ver este tipo de chovinismo en ciertas sectas del judaísmo que separan los sexos en muchas actividades para evitar la decadencia moral y espiritual de los hombres como resultado de las tentaciones sexuales de las mujeres. La mayoría de los judíos modernos ya no siguen esta enseñanza, con la principal excepción de los judíos ortodoxos, como se mencionó anteriormente.

En el Génesis 2, la ubicación del Edén se revela así:

> **10** Del Edén sale un río que riega el jardín, y de allí se separa y se convierte en cuatro ríos. **11** El nombre del

> primero *es* Pisón; rodea toda la tierra de Havilá, donde *hay* oro, **12** y el oro de esa tierra *es* bueno; *hay* bedelio y piedra de ónice. **13** El nombre del segundo río *es* Gihón; rodea toda la tierra de Cus. **14** Y el nombre del tercer río *es* Hidekel; *es* el que corre al este de Asiria. Y el cuarto río *es* el Éufrates.

Como muchos mitos de la creación, el Génesis incluye la ubicación de la creación. Sin embargo, aunque la descripción del Edén incluye marcas geográficas, concretamente los cuatro ríos, su ubicación no coincide con ningún mapa geográfico moderno. Quizá la ubicación del Edén nunca tuvo sentido.

Por supuesto, estas historias pueden proceder de tradiciones orales que se remontan a decenas de miles de años, por lo que puede que los ríos y la disposición de la tierra en aquella época difieran de los actuales. Cuando los pueblos emigran a nuevas tierras, a menudo se llevan los nombres de sus anteriores puntos de referencia. Así que también es posible que se reutilicen los nombres de los puntos de referencia, como York y Nueva York. En cualquier caso, la ubicación del Edén no es el código.

¿Es Dios uno o muchos, hombre o mujer? ¿Cuál es la edad de la creación? El Génesis cuenta las generaciones nacidas desde que Dios creó a Adán y Eva, lo que, de ser correcto, indicaría que la tierra tendría menos de 10.000 años. Ese no es el código. Casi nada de lo que la gente discute del Génesis es el código.

Capítulo 7
El ADN del Génesis

Aunque el Génesis comparte muchos elementos con los relatos de la creación que se encuentran en todo el mundo, las rarezas a nivel macro y micro del relato lo hacen único. Dado que nuestro reconocimiento del código depende de que reconozcamos algunos de esos aspectos inusuales, necesitamos una visión honesta de las cualidades esenciales y la singularidad del Génesis para desarrollar nuestra mirada para ver.

La primera y más obvia rareza en relación con el Génesis 1-3 no es tanto el texto en sí mismo, sino cómo la comunidad religiosa judeocristiana ha sesgado la percepción pública de la naturaleza del Infinito, haciendo que el Génesis parezca decir algo que no se encuentra realmente en el texto. La mayoría de las mitologías de la creación de todo el mundo son panteístas o henoteístas. Recordemos que el panteísmo es la creencia de que todo es el Infinito. El henoteísmo, que en griego significa "de un solo dios", es la adoración de un dios único y supremo sin negar la posible existencia de otras deidades inferiores. También podría significar que el Infinito es un ser divino que tiene muchos aspectos representados como pequeños dioses, en minúscula.

Dependiendo de la perspectiva subjetiva de un individuo, el panteísmo y el henoteísmo pueden significar lo mismo o cosas muy diferentes. Es como la antigua parábola india de los ciegos y el elefante. Sin tener ningún concepto de un elefante, se encuentran con uno por primera vez. Uno, sintiendo solo la trompa, dice que es una serpiente gigante. Otro, sintiendo una pata, argumenta que es el tronco de un árbol. Otro siente solo la cola y argumenta que es una cuerda. Cada experiencia parcial del todo se cree erróneamente que es el todo.

Los creyentes del henoteísmo pueden discutir sobre qué representación de lo divino es la más elevada. Por ejemplo, algunos hindúes afirman que Vishnu es la representación más elevada, mientras que otros defienden a Shiva. Suelen aceptar al menos la existencia de la otra deidad. La diferencia es solo cuál representa el valor más elevado. Los antiguos judíos (antes de Moisés) no negaban necesariamente a otros dioses. La primera "negación" registrada de otros dioses se dice que vino más tarde a través de Moisés, como se encuentra en el libro de Deuteronomio 4:35 (siglo 7 A.C.)

> Se les han mostrado estas cosas para que sepan que el Señor es Dios; fuera de él no hay otro.

A primera vista, el texto anterior parece excluyente, pero cuando reflexionamos sobre la afirmación del infinito en el capítulo 2, podemos ver que, en cambio, puede ser una afirmación que lo incluye todo. "No hay otro" significa que el Infinito es todas las cosas. En cualquier caso, para consternación de muchos líderes religiosos, Génesis 1-3 describe el Infinito de forma panteísta o henoteísta, como se ve en el propio texto.

A pesar de la evidencia textual del Génesis, los líderes religiosos niegan el panteísmo o el henoteísmo, afirmando en cambio que solo hay un Dios que reside fuera de la creación, una creencia que se conoce como monoteísmo. Para que no discutamos sobre lo que muestra el texto, dejemos de lado cualquier prejuicio que podamos tener hacia la historia, al menos temporalmente. Hacerlo nos permitirá explorar con el corazón abierto y los ojos claros, cualidades esenciales para ver y aplicar *el principio* del código.

A continuación, se presentan las dos citas del Génesis que contradicen el punto de vista monoteísta. Observa las palabras clave subrayadas, ya que proporcionan la evidencia que buscamos:

> **1:26** Y ELOHIM dijo: "Hagamos criaturas terrestres a nuestra imagen, según nuestra semejanza, y que gobiernen sobre los peces del mar, las aves de los cielos, los animales, y sobre toda la tierra, y todo lo que se mueve sobre la misma".

> **3:22** Y YHVH ELOHIM dijo: "¡Mira! —la criatura terrestre se ha vuelto como uno de nosotros[78], por conocer el bien y el mal; ¡y ahora para que no extienda su mano y tome también del fruto del árbol de la vida, lo coma, y viva para siempre...!".

La confusión, en parte, se debe a que el monoteísmo es un término muy reciente acuñado por el filósofo británico Henry More (1614-1687 DC). La gente moderna tiende a asumir que el concepto de monoteísmo ha existido durante miles de años, cuando puede no

---

[78] O "de él", el pronombre puede significar aquí "nosotros" o "él".

ser el caso.

Debido a los pronombres plurales en Génesis 1-3, los eruditos bíblicos están de acuerdo en que el panteísmo o el henoteísmo fueron los puntos de vista más probables representados en él. La mayoría de las culturas antiguas eran panteístas o henoteístas. Mi argumento aquí no es que debamos creer en un dios o en muchos dioses, sino que debemos centrarnos sin prejuicios en lo que realmente contiene el texto, que en este caso no parece ser el monoteísmo.

Extrañamente, a lo largo del texto, se hace referencia a Dios con el pronombre "Él", lo cual es confuso porque Dios también se describe como plural, como vimos en las citas anteriores. Para entender la confusión del pronombre, debemos tener en cuenta que el hebreo es una lengua gramaticalmente de género, como el latín, lo que significa que a todos los sustantivos se les asigna un género. Debido a la estructura lingüística del hebreo, incluso la palabra "Dios" debe tener un pronombre de género. Está claro que el género es irrelevante para el Infinito, así que es útil borrar cualquier sentido de género de nuestras mentes cuando se trata del Infinito.

La mitología de la creación en el Génesis es inusual en otro aspecto importante y obvio: parece contener dos historias de la creación distintas y en gran medida incompatibles. Aunque los eruditos bíblicos están mayoritariamente de acuerdo en que en el Génesis aparecen dos relatos de creación distintos, el clero, casi sin excepción, rechaza la idea. Dicho esto, la observación de dos mitos de la creación incompatibles dentro del Génesis no es nada nuevo. Hace unos 2.000 años, Filón Judaico de Alejandría, un filósofo judío, comentó las contradicciones de Génesis 1 y 2. Sin embargo, no veía las contradicciones como un problema, ya que consideraba que los relatos eran de naturaleza alegórica y no históricos.

El cambio paradigmático de la representación histórica a la alegoría no es un paso que la mayoría de los ancianos religiosos modernos hayan estado dispuestos a dar. La insistencia religiosa en que los relatos son relatos históricos exactos hace que esos líderes cierren sus corazones y sus mentes a otras posibilidades. No se puede descubrir el código con una perspectiva tan cerrada. Tengamos cuidado de no cerrar nuestros corazones y mentes de esta manera.

Para ver los dos relatos, ve al *Libro del Génesis* que se encuentra al final de este libro y observa que el primer relato de lacreación comienza en Génesis 1 y continúa hasta Génesis 2:3. El segundo relato de la creación va de Génesis 2:4 a Génesis 2:9. Las incoherencias y contradicciones entre los dos relatos son demasiado numerosas para justificar su inclusión completa aquí. Algunas son bastante fáciles de ver, mientras que otras requieren un ojo entrenado y un poco de investigación para notarlas. Aquí señalaré algunos de los principales problemas y dejaré el resto a los eruditos bíblicos.

Probablemente, la incoherencia más evidente se observa en la denominación de Dios, que difiere entre los dos relatos. Si prestas atención al texto, notarás que, en el primer relato de la creación, el creador es llamado exclusivamente ELOHIM; en el segundo relato de la creación, el creador, con muy pocas excepciones, es llamado YHVH ELOHIM. La mayoría de las Biblias modernas traducen YHVH como "SEÑOR" y ELOHIM como "DIOS", así que, en una Biblia moderna, verías al creador escrito como "Dios" o "DIOS" en Génesis 1-2:3 y generalmente "SEÑOR DIOS" o "Señor Dios" desde Génesis 2:4 en adelante.

La investigación antropológica revela que había dos tribus judías ancestrales primarias que se fusionaron con el tiempo: las tribus del norte de Judá, que adoraban a YHVH (Yahveh), y las tribus del sur, los israelitas, que vivían en la zona que hoy se conoce como Israel, Palestina y Líbano. Encontramos constancia del culto de los israelitas en el Libro de los Jueces 10:6, donde está escrito que los israelitas "servían a los baales y a los astoretas, a los dioses de Aram, a los dioses de Sidón, a los dioses de Moab, a los dioses de los amonitas y a los dioses de los filisteos".

Aparentemente, estos eran los dioses tradicionales que los antiguos israelitas llamaban colectivamente ELOHIM. *El* era un término generalizado para "deidad" y se utilizaba para describir a cualquiera de los dioses adorados en la zona. ELOHIM es el plural de *El* y alude al henoteísmo. Aunque ELOHIM se traduce comúnmente como un Dios singular en el judaísmo moderno, ese no era el caso antes de que las tribus se unificaran. Si miramos los nombres de los ángeles, podemos ver que terminan en "el"— Miguel, Rafael, Gabriel y Uriel.

Muchos eruditos especulan que la amalgama de dioses que componían a ELOHIM inspiró la posterior idea judía de Dios y sus ángeles, así como el panteón griego, encabezado por Zeus. En cualquier caso, antes de la unificación de las tribus, ELOHIM representaba a muchos dioses.

Los eruditos bíblicos sostienen que, para facilitar la armonía entre las tribus que se fusionaban, era necesario homogeneizar sus mitos de la creación. Génesis 1-3 parece verificar la homogeneización. Exploremos un poco más esa idea.

Parece que los creyentes de YHVH (que se cree que se pronuncia "Yahveh" o "Yehovah"), a los que los eruditos bíblicos se refieren como "Yahvehistas", llegaron a pensar en YHVH como el único y verdadero creador de todo el cosmos. Como tal, seguir a todos los demás dioses estaba prohibido. Los creyentes de ELOHIM fueron llevados a la religión de YHVH a través de la fusión de las historias de la creación y los nombres de sus deidades, YHVH y ELOHIM. Esta fusión se puede ver en Génesis 2, donde el nombre del creador es YHVH ELOHIM.

Durante el período del Segundo Templo, se consideraba tabú pronunciar el nombre "Yahveh", por lo que la práctica judía sustituye el tetragrámaton (YHVH) por la palabra "Adonai" que significa "Señor".

Una prueba más de la disparidad de orígenes de los dos relatos de la creación es la diferencia de sus puntos centrales. El primer relato describe la creación cósmica sin centrarse especialmente en los seres humanos. No incluye la creación de los seres humanos hasta el sexto día, el último de la creación.

La segunda historia, que no está ordenada por días como la primera, se centra ante todo en la creación de Adán y Eva. Solo después de la creación del primer ser humano, el creador crea otras cosas como las plantas, los animales y el jardín llamado "Edén", en el que el hombre debía vivir y cuidar. La descripción del segundo relato de la creación comienza en Génesis 2:4:

> **4 Estos *son* los orígenes de los cielos y de la tierra**[31] cuando fueron creados. En *el* día de la creación de YHVH[33] ELOHIM, la tierra y los cielos, **5** y ningún arbusto del campo estaba *antes* en la tierra, y ninguna planta del campo había brotado antes, pues YHVH ELOHIM no había hecho llover[c] sobre la tierra, y no *había* ninguna criatura terrestre para servir a la tierra; **6** y un vapor subía de la tierra, y

---

[31] El Génesis tiene diez divisiones, cada una de las cuales comienza con la frase "Estos *son los* sucesos de..." y se indican en esta traducción con **negrita**.

[33] Nombre del Dios de Israel יהוה (Tetragrammaton), tradicionalmente Yahveh, o Yehovah; traducido SEÑOR en la mayoría de las versiones inglesas, pero aquí se lo identifica con cuatro letras sin vocales.

[38] Nombre de un lugar o región, que significa "placer" o "dicha".

regaba^c toda la faz^P de la tierra—**7** y YHVH ELOHIM dio forma a la criatura terrestre del polvo de la tierra^{38}, y sopló en sus dos narices aliento de vida^P; y la criatura terrestre se convirtió en un ser viviente. **8** Y YHVH ELOHIM plantó un jardín en Edén, al este; y allí colocó a la criatura terrestre a la que dio forma.

En el primer relato podemos ver que el creador hizo todo antes de crear a los humanos, pero en el segundo relato, creó al hombre antes de crear las plantas, los animales y el Edén.

Los relatos también demuestran una gran diferencia en la forma en que fueron creados los seres humanos. En el Génesis 1, Dios les habla de la siguiente manera:

26 Y ELOHIM dijo: "Hagamos la criatura terrestre^{23} a nuestra imagen, según nuestra semejanza, y que gobierne sobre los peces del mar, las aves de los cielos, y los animales^S, y sobre toda la tierra, y todo lo que se mueve sobre la tierra". **27** Y ELOHIM creó la criatura terrestre a su imagen: a imagen de ELOHIM la creó, un macho y una hembra los creó. **28** Y ELOHIM los bendijo y les dijo: "Lleven fruto y sean abundantes y llenen la tierra; y sometan y gobiernen a los peces del mar, las aves de los cielos, y a todo ser viviente que se mueve sobre la tierra". **29** Y ELOHIM dijo: "¡Mira!—Yo te he dado^P toda planta que da semilla que *está* sobre la superficie^P de toda la tierra, y todo árbol^d, en el cual *hay* fruto que da semilla; esto te servirá^P de *alimento*. **30** Y a todo ser viviente de la tierra, y a

---

[23] El término hebreo *'adam*, de *'adamah*, "tierra", o "tierra roja".

toda ave de los cielos, y a todo lo que se mueve sobre la tierra, que en ella *tiene* vida, les he dado toda planta verde para alimento". Y fue así.

Como podemos ver en el Génesis 1, los seres humanos son creados por la palabra. Los hombres y las mujeres son creados simultáneamente. En el segundo relato, el creador moldea al hombre a partir de la tierra y le insufla el aliento de vida. El hombre es hecho primero, después de lo cual la mujer es hecha de la carne tomada del lado del hombre, como se muestra a continuación:

> **21** Y YHVH ELOHIM hizo que un sueño profundo cayera[c] sobre la criatura terrestre, y ella se durmió; y él tomó uno de sus lados, y puso carne debajo de él. **22** Y YHVH ELOHIM construyó el costado que tomó de la criatura terrestre en una mujer, y la hizo venir[c] hacia la criatura terrestre. **23** Y la criatura dijo: "¡Esta es ahora hueso de mis huesos y carne de mi carne! A esta se le llamará "mujer", porque de un hombre fue tomada".

Dado que los relatos de la creación se centran en el creador, la forma en que los relatos presentan el Infinito es probablemente la distinción más importante. En el primer relato, el Infinito se presenta como algo externo o anterior a la existencia. El Infinito hace surgir las cosas de la nada. En la segunda historia, en cambio, el Infinito es representado como un personaje con las botas en el suelo que interactúa con los humanos en el jardín como si fuera un ser encarnado.

Estos dos relatos de creación distintos, aunque claramente no tienen el mismo origen, parecen haber sido editados juntos de tal manera que permiten la unificación de las dos tribus. Lo que me parece especialmente interesante es el hecho de que el código no podría existir sin el corte y la edición de estas dos historias. No tengo forma de determinar con certeza si el código fue intencional y no una "casualidad" cósmica, pero el código depende claramente de que las historias estén conectadas como lo están. Y la forma en que se nos presenta el código en el Génesis es tal como se le habría presentado a Jesús hace 2.000 años, porque los textos existentes se remontan aproximadamente a la época de Jesús.

Las rarezas de los relatos de la creación del Génesis son, en efecto, muy notables. Tengámoslas en cuenta a medida que avancemos, teniendo cuidado de suavizar nuestras creencias y dejar de lado cualquier prejuicio que podamos tener sobre la naturaleza del Infinito, la relación entre el Infinito y la humanidad, y el significado del pecado y la caída.

Capítulo 8
El Espejo del Génesis

Hemos hablado de los peligros de que la religión sea sustituida por la ideología, una tendencia que parece aumentar con la precipitada desaparición de la religión, y no sirve de mucho más que para proporcionar un objetivo superior y dar un sentido a la vida. Ahora debemos centrar nuestra atención en el peligro de creer ciegamente en los relatos religiosos.

Muchos creyentes religiosos sostienen que el Génesis es el relato histórico de la creación. No aceptan la idea de que los relatos de la creación sean metafóricos o estén abiertos a la interpretación. Para mantener esa postura, rechazan de plano la idea de que haya dos relatos distintos y en gran medida incompatibles dentro del Génesis. Los literalistas no solo niegan las cualidades poéticas del Génesis, sino también la enorme cantidad de estudios textuales que demuestran que se trata de textos diferentes editados conjuntamente.

Para hacerse una idea de la perspectiva literalista, puedes hacer una búsqueda en Internet de "Respuestas Católicas, ¿qué es la Teoría JEPD?".

Si piensas que creer en Dios depende de ver la Santa Biblia como factual e infalible, entonces, razonablemente, no considerarías ninguna otra perspectiva. Desgraciadamente, tales barreras ciegan la mente y no permiten detectar posibles fallos, incoherencias e hipocresías en el texto. Entre esos fallos se encuentra la aprobación de muchas ideas que nuestra sociedad actual consideraría aborrecibles, como la esclavitud y el genocidio.

Todavía no he conocido a ningún creyente, incluidos los fundamentalistas más extremos, que apoye la esclavitud o el genocidio. ¿Por qué los judíos y los cristianos modernos no aprueban la esclavitud? En ninguna parte de estos textos se describe la esclavitud como algo malo. Al contrario, hay muchos pasajes que alaban a Dios por esclavizar a los enemigos. El hecho es que estamos escogiendo lo que debemos creer. Puesto que ya estamos decidiendo qué partes del texto son aplicables a nuestras vidas, sería prudente admitirlo abiertamente, para no engañarnos a nosotros mismos ni a los demás.

La Biblia es un libro de su tiempo. Aprueba comportamientos que ya no aceptamos. Pero no es solo eso. La Santa Biblia contiene una sabiduría realmente profunda, como *el principio* que se encuentra en Génesis 1-3. Nosotros, como seres humanos, tenemos la responsabilidad de fijarnos en lo que dice el texto y de utilizar nuestro discernimiento sobre el mismo, de acuerdo con nuestros valores. Hacer lo contrario es ceder nuestra responsabilidad a otra persona, un autor o autores de hace miles de años en una sociedad con normas y valores que pueden no ser compatibles con los nuestros o los de nuestra sociedad.

Para un lector atento y sin prejuicios, las incoherencias entre Génesis 1 y 2 son fácilmente evidentes, al igual que la forma hipócrita en que se retrata a Dios en Génesis 3. La Santa Biblia dice que un Dios omnisciente y todopoderoso creó todos los elementos y tentaciones que seguramente harían que los humanos cayeran en el sufrimiento. Visto desde esa perspectiva, Génesis 2-3 parece ser el equivalente aproximado de un padre que deja un montón de enchufes sin cubrir en la habitación del bebé, lo advierte y luego lo castiga por recibir una descarga eléctrica.

Antes de recibir el código a través de la experiencia mística, me sentía incapaz de ver mucho valor en el texto porque estaba cegado por mi sensibilidad ante las muchas hipocresías y atrocidades cometidas en nombre o por orden de Dios en otras historias bíblicas. Pero después de ver el código, mis ojos y mi corazón se abrieron al libro.

De alguna manera, a través o a pesar de la esclavitud de los judíos en Egipto, la mezcla de culturas, el corte y la edición, y las capas de enseñanzas culturales y mitológicas, el código está ahí. Cómo pudo sobrevivir a todo eso es un gran misterio para mí, especialmente teniendo en cuenta la notable calidad de espejo de Génesis 1-3.

Me parece que Génesis 1-3 refleja los juicios y prejuicios del lector. En la superficie, los relatos tienen una base cultural, como las historias de la creación que se encuentran en todo el mundo, pero en un nivel más profundo, el nivel de los *principios*, el mensaje de Génesis 1-3 es universal. La enseñanza oculta se aplica y puede beneficiar a cualquier ser humano que esté abierto a ella, independientemente del país, la etnia, la cultura, la clase o el género.

Debido a las mentes sesgadas de profetas, sacerdotes y escribas que, al parecer, no tenían ojos para ver, casi toda la escritura posterior enfatiza aspectos superficiales o manifiestos en el Génesis, como las reglas culturales, la historia sobrenatural y el juicio de la humanidad. Durante miles de años, la visión superficial de estos relatos ha alimentado la culpa, la vergüenza, el sentimiento de culpabilidad, la arrogancia, el resentimiento y la falsa humildad.

El Génesis 1-3, interpretado superficialmente, proporciona una base espiritual pobre, que ha llevado a tantos malentendidos y desarmonía, ya que las falsas enseñanzas se han extendido por todo el mundo a través de los movimientos religiosos organizados. Por ejemplo, una de las principales ideas que se ha extendido como resultado de la mala interpretación del Génesis es la justificación de la cosificación de la naturaleza. Los versículos en los que la mala interpretación ha llevado a esta tendencia mundial están bien representados por la mayoría de las interpretaciones modernas de Génesis 1:26-28. Veamos la Nueva Versión Internacional como ejemplo:

> 26 Entonces dijo Dios: "Hagamos al hombre a nuestra imagen y semejanza, para que domine sobre los peces del mar y las aves del cielo, sobre el ganado y todos los animales salvajes, y sobre todas las criaturas que se mueven por la tierra". 27 Así pues, Dios creó al ser humano a su imagen y semejanza, a imagen de Dios; macho y hembra los creó. 28 Dios los bendijo y les dijo: "Sean fecundos y multiplíquense; llenen la tierra y sométanla. Dominen a los peces del mar y a las aves del cielo y a todo ser viviente que se mueve sobre la tierra".

Muchas sociedades justifican las acciones ecológicamente dañinas haciendo referencia a este pasaje que se centra en el dominio de la humanidad sobre la naturaleza. Este estado de ánimo objetivista no tiene en cuenta el sentido del Génesis, que pretende describir la armonía con toda la vida. El estado de ánimo egoísta, justificado por una mala comprensión del Génesis, provoca una desarmonía innecesaria en nuestras vidas y en el mundo.

Al igual que cuando nos miramos en un espejo, cuando leemos

el Génesis, tendemos a ver lo que traemos con nosotros. De hecho, esos tres primeros capítulos pueden leerse de dos maneras muy diferentes. La forma en que los interpretamos tiene un impacto profundamente diferente en nuestras vidas y en nuestro desarrollo social. Más adelante hablaremos de ello en profundidad. Por ahora, veamos esos mismos pasajes a través de la interpretación del Dr. Tabor.

> **26** Y ELOHIM dijo: "Hagamos la criatura terrestre[23] a nuestra imagen, según nuestra semejanza, y que gobierne sobre[24] los peces del mar, y las aves de los cielos, y los animales[s], y sobre toda la tierra[25], y todo lo que se mueve sobre la tierra". **27** Y ELOHIM creó la criatura terrestre a su imagen: a imagen de ELOHIM la creó, un macho y una hembra los creó. **28** Y ELOHIM los bendijo y les dijo: "Den fruto y sean abundantes y llenen la tierra; y sometan, y gobiernen sobre los peces del mar, y las aves de los cielos, y sobre todo ser viviente que se mueve sobre la tierra".

La traducción del Dr. Tabor hace hincapié en la gobernanza y está mucho más en consonancia con el propósito declarado por Dios al crear a Adán y Eva, como puede verse en Génesis 2:15:

> **15** Y YHVH ELOHIM tomó a la criatura terrestre y la hizo descansar[c] en el jardín del Edén, para que la sirviera y la cuidara.

---

[23] El término hebreo 'adam, de 'adamah, "tierra", o "tierra roja".
[24] Es decir, con respecto a, aquí y en el v. 28.
[25] Siríaco "sobre todos los animales de la tierra".

Someter, servir, vigilar y gobernar. Estas directrices están perfectamente alineadas con el cuidado del jardín, el proceso de tomar lo que de otro modo sería excesivamente caótico y crear un orden armonioso con el propósito de la salud de la tierra y sus habitantes. Fundamentalmente, el Génesis dirige a los seres humanos a estar en comunión con la naturaleza a través de un liderazgo adecuado y una cosecha apropiada. Este es también el sentimiento general de los pueblos indígenas de todo el mundo. ¿Y por qué no iba a ser así? Después de todo, los antiguos hebreos eran tribus como cualquier otra, que vivían en armonía con la tierra.

En algún momento relativamente reciente de la existencia humana, muchas sociedades humanas perdieron su sentido de relación con la tierra y con el Infinito. Como resultado, muchos de nosotros hemos vivido como parásitos en el planeta. Esa forma de vida parasitaria nunca puede generar una satisfacción verdadera, porque no está alineada con nuestra naturaleza.

Llevamos demasiado tiempo considerando que el planeta existe para ser utilizado por nosotros para nuestros propios y estrechos fines. Ya no podemos hacer la vista gorda ante nuestros errores, porque la naturaleza está empezando a mostrarnos las consecuencias de la cosificación. La idea de que la tierra y su flora, fauna, minerales, etc., son meros recursos para usar y desechar está empezando a hacernos daño. El dolor puede servir para despertarnos del sueño de la separación.

De hecho, nos hemos acostumbrado tanto a la cosificación que la aplicamos a nosotros mismos sin darnos cuenta. En nuestras propias mentes, nos hemos convertido en poco más que mercancías. Si todavía no lo ves, cuando reconozcas el código y cómo funciona en tu vida, ya no podrás evitar verlo.

Si la humanidad prestara atención a la enseñanza encubierta del Génesis, *el principio*, entonces los individuos y las sociedades podrían estar mucho menos enamorados de la culpa, la vergüenza, el sentimiento de culpabilidad, la arrogancia, el resentimiento y la falsa humildad. Como resultado, podríamos encontrar más fácilmente el equilibrio entre nosotros y con nuestro entorno y, por lo tanto, vivir vidas más inspiradas y significativas en comunión con *todo lo que existe*.

La idea atea común de que la Santa Biblia es un mero artefacto de un pueblo ignorante empieza a quedarse corta cuando vemos la consistencia del código. Basándonos en el *principio* de integración, que demuestra la verdadera causa del sufrimiento psicológico y espiritual, así como el camino hacia la armonía, no estoy seguro de que debamos descartar tan rápidamente el texto.

En cuanto a la forma en que *el principio* llegó allí, sigo sin saber cómo. Me parece que, o bien *el principio* fue editado intencionadamente, posiblemente para proteger un secreto, o bien llegó allí a través del genio involuntario que a veces brilla en las personas creativas. Para mí, cualquiera de las dos formas es alucinante e igualmente magnífica.

Me gustaría pensar que el código fue editado en el texto como una forma de preservar para la posteridad un secreto que necesitaba ser protegido de la gente que sería hostil a las enseñanzas de la época. Podemos relacionar esta idea con la explicación de Jesús de que oculta intencionadamente la verdad a las masas. ¿Por qué haría esto, hay que preguntarse? Tal vez Jesús estaba tratando de evitar la persecución. Recuerda: Jesús fue crucificado por blasfemia. ¿Por qué deberíamos suponer que la clase sacerdotal de épocas anteriores era más tolerante? Tal vez tengas una hipótesis diferente después de ver el código. ¡Vamos a ello!

Parte 3
El Código

En la segunda parte, nos familiarizamos con los puntos comunes de la mitología de la creación, lo que nos proporcionó una lente comparativa a través de la cual pudimos ver Génesis 1-3. A continuación, conocimos las rarezas del Génesis nacidas de la unión de dos mitologías distintas. Por último, aprendimos las trampas de la creencia ciega en la religión y la ideología. Lo que hemos aprendido nos ha ayudado a preparar nuestros ojos para ver el código.

En la Parte 3, que consta de cuatro capítulos, exploraremoslas tres perspectivas del Génesis que conforman el código.

El capítulo 9 explora la perspectiva del Infinito incorpóreo, llamado ELOHIM en Génesis 1. Este capítulo demuestra la actitud fundacional de la armonía.

El capítulo 10 introduce la perspectiva del Infinito encarnado, llamado YHVH ELOHIM, tal como se representa en Génesis 2. Este capítulo demuestra una psicología fundacional saludable para los seres humanos.

El capítulo 11 se centra en Génesis 3 y en la perspectiva de la desarmonía que resulta naturalmente cuando el Infinito encarnado olvida su naturaleza infinita y se ensimisma en su identidad basada en la forma.

Por último, el capítulo 12 desvela las capas del código y muestra cómo *el principio* se traslada a la experiencia humana a través de la evolución y el proceso de desarrollo de la infancia, así como a través de las experiencias reveladoras de la oración y la meditación.

Desde cualquier punto de vista, la Santa Biblia ha sido leída por más personas que todos los demás libros. A pesar de los defectos mencionados anteriormente, miles de millones de personas en todo el mundo sienten que en este texto reside un inmenso valor espiritual. Puede que nuestras mentes conscientes aún no sean capaces de articular completamente la naturaleza precisa de lo que ofrece el texto, pero una vez que hayas percibido e incorporado *el principio* a tu vida, serás mucho más capaz de hacerlo.

El Génesis ha sido leído por miles de millones de personas a lo largo del tiempo. Cualquiera que haya leído Génesis 1-3 ha visto el código, pero en todo ese tiempo, parece que el código ha pasado desapercibido. Pero no por más tiempo. Una vez que lo *veas*, no podrás *dejar de verlo*.

El código es sencillo, elegante y práctico. Una vez que pongas en práctica el código a través de tu vida diaria, comenzará a desenredar las capas de desarmonía y confusión internas. Nunca te verás a ti mismo ni a la vida de la misma manera. Tu relación con todo cambiará.

Capítulo 9
El Dios Infinito
El Infinito Incorpóreo

Como vimos en el capítulo 7, en Génesis 1-3 se han unido dos historias de la creación de las tribus de Judá y de los israelitas. Dentro de las mitologías combinadas podemos observar tres perspectivas primarias: el Infinito incorpóreo, el Infinito encarnado y el Infinito ensimismado. Estas tres perspectivas dispares proporcionan la base del código.

La primera perspectiva se encuentra en el Génesis 1, cuando el Infinito da existencia al Universo mediante el "habla". Por favor, lee el texto completo de Génesis 1 a continuación y observa el <u>texto subrayado</u>, que representa el resaltado amarillo, relevante para este capítulo, que vi como si fuera el código cuando se me presentó a través de un estado visionario. Una vez que hayamos visto el texto subrayado dentro del contexto del capítulo, desglosaremos el significado de esas frases para establecer una comprensión fundamental del *principio*.

(Bere'sheet)

Capítulo **1:1** *Al* principio[f2] de crear ELOHIM[3] los cielos y la tierra—**2** y la tierra estaba desolada y vacía; y las tinieblas *estaban* sobre la faz[P] *del* abismo, y el espíritu de ELOHIM se cernía sobre la faz[P] de las aguas—**3** y ELOHIM dijo: "Sea la luz"; y fue la luz. **4** Y <u>ELOHIM vio la luz, que *era* buena;</u> y ELOHIM separó entre la luz y entre las tinieblas. **5** Y ELOHIM llamó a la luz "día", y a las tinieblas las llamó "noche". Y fue la tarde y la mañana el primer día.

6 Y ELOHIM dijo: "Que haya una expansión en medio de las aguas, y que haya una separación entre aguas y aguas". **7** Y ELOHIM hizo la expansión, y separó entre las aguas que *estaban por* debajo de la expansión, y entre las aguas que *estaban* por encima de la expansión. Y fue así. **8** Y ELOHIM llamó a la expansión "cielos". Y fue la tarde y la mañana, el segundo día.

9 Y ELOHIM dijo: "Que las aguas debajo de los cielos se reúnan hacia un solo lugar, y que se vea la *tierra seca*". Y fue así. **10** Y ELOHIM llamó a la *tierra seca* "tierra", y al conjunto de las aguas lo llamó "mares". <u>Y ELOHIM vio que *era* bueno.</u> **11** Y ELOHIM dijo: "Que la tierra haga brotar[c] *el* retoño, una planta que siembra la semilla, un árbol frutal

---

[2] Lit "A *la cabeza* de", Heb *Bere'sheet* en esta construcción gramatical es una frase temporal que significa, "Cuando al principio...", ver Jer 26:1 donde ocurre la misma forma. Hace referencia al "estado de cosas" cuando comienza la actividad creadora.

[3] ELOHIM es un sustantivo plural, pero a menudo funciona como un singular colectivo, tomando un verbo singular. Está relacionado con los términos hebreos '*eloah* y *'el*, que significan Dios, dios, poder o poderoso, y puede referirse a jueces y líderes, a seres celestiales, a los dioses de las naciones o al único Dios de Israel.

que hace el fruto, según su tipo, su semilla, dentro de ella, sobre la tierra". Y así fue. **12** Y la tierra hizo salir^c *el* retoño, una planta que sembraba semilla según su tipo, y un árbol que hacía fruto, su semilla, dentro de ella, según su tipo. Y ELOHIM vio que *era* bueno. **13** Y fue la tarde y la mañana, el tercer día.

14 Y ELOHIM dijo: "Que haya luces en la expansión de los cielos, para separar el día de la noche; y sirvan de señales para las estaciones, para días y años, **15** y sean para luces en la expansión de los cielos, para hacer luz ^{c}sobre la tierra". Y fue así. **16** Y ELOHIM hizo las dos lucesgrandes - la luz grande para gobernar el día, y la luz pequeña para gobernar la noche- y las estrellas. **17** Y ELOHIM las puso en la expansión de los cielos, para hacer luz sobre la tierra^c, **18** y para gobernar en el día y en la noche, y para separar entre la luz y entre la oscuridad. Y ELOHIM vio que *era* bueno. **19** Y fue la tarde y la mañana, el cuarto día.

20 Y ELOHIM dijo: "Que las aguas produzcan un enjambre de seres vivos^s, y *aves* que vuelen sobre la tierra, sobre la faz^p de la extensión de los cielos". **21** Y ELOHIM creó las grandes *bestias acuáticas,* y todo ser viviente^d que se mueve, con el cual las aguas pululan, según su tipo, y toda ave alada, según su especie. Y ELOHIM vio que *era* bueno. **22** Y ELOHIM los bendijo diciendo: "Den fruto y sean abundantes y llenen las aguas en los mares, y que las aves sean abundantes en la tierra". **23** Y fue la tarde y la mañana, el quinto día.

24 Y ELOHIM dijo: "Que la tierra haga salir^c un ser viviente según su tipo: animal, y cosa movible, y cosa viva de la tierra según su tipo". Y fue así. **25** Y ELOHIM hizo el ser viviente de la tierra, según su tipo, y el animal según su tipo, y cada cosa movible de la tierra según su tipo. Y ELOHIM vio que *era* bueno. **26** Y ELOHIM dijo: "Hagamos criaturas terrestres a nuestra imagen, según nuestra semejanza, y que gobiernen sobre los peces del mar, y las aves de los cielos, y los animales[s], y sobre toda la tierra, y todo lo que se mueve sobre la tierra". **27** Y ELOHIM creó la criatura terrestre a su imagen: a imagen de ELOHIM la creó, un macho y una hembra los creó. **28** Y ELOHIM los bendijo y les dijo: "Lleven fruto y sean abundantes y llenen la tierra; y sometan y gobiernen sobre los peces del mar, y las aves de los cielos, y sobre todo ser viviente que se mueve sobre la tierra". **29** Y ELOHIM dijo: "¡Mira! —Yo te he dado[p] toda planta que da semilla que *está* sobre la superficie[p] de toda la tierra, y todo árbol[d], en el cual *hay* fruto que da semilla; esto te servirá[p] de *alimento*. **30** Y a todo ser viviente de la tierra, y a toda ave de los cielos, y a todo lo que se mueve sobre la tierra, que en ella *tiene* vida, les he dado toda planta verde para *alimento*". Y fue así. **31** Y ELOHIM vio todo lo que había hecho, y ¡mira!—*era* sumamente bueno. Y fue la tarde y la mañana, el sexto día.

El código, tal y como se me mostró, tenía que ver totalmente con la actitud y la perspectiva, no con la cultura, las leyes sociales, el orden de las cosas y los seres creados, o cuántos días se tardó en crear la Tierra. Prestando atención a la actitud y la perspectiva, revisemos el código tal y como se pone de manifiesto en la experiencia mística.

Observando el texto subrayado, vemos que es una expresión repetida y a veces ligeramente variada de "Y ELOHIM vio que *era* bueno". Notarás que en ninguna parte de Génesis 1 hay nada más que alabanzas al bien de la creación.

La perfecta consistencia de la actitud refleja la naturaleza del Infinito; por lo tanto, es prudente que prestemos atención. La pregunta es ¿qué entiende el Infinito por *bueno*?

Para encontrar la definición de lo *bueno*, primero hay que tener en cuenta cómo lo definen los seres humanos: un reflejo de lo que está en consonancia con nuestros valores, objetivos y/o comodidades, lo que es agradable. Merriam-Webster define lo bueno de la siguiente manera:

1: cosas agradables que le suceden a la gente
2: cosas moralmente adecuadas o correctas

De estas definiciones se desprende que *el bien*, tal y como lo definen los seres humanos, es muy subjetivo. Definimos el bien en oposición a lo que suponemos que es malo. ¿Es *el bien* del Infinito igualmente subjetivo y comparativo? ¿Es de naturaleza moral?

Desde la perspectiva del Infinito no hay otro, lo que significa que el Infinito no ve el Universo como algo distinto de sí mismo, como se insinúa en el Génesis 1. Por lo tanto, podemos entender que *el bien*, en este caso, es lo que está alineado con el Infinito, es decir, lo que se refleja en sí mismo. *El bien* del Infinito es lo que es sinónimo de Infinito. Con la definición Infinita del *bien* en mente, la frase "Y ELOHIM vio que era bueno" significa "Y ELOHIM vio que era ELOHIM", o "Y Dios vio que era Dios".

La alabanza de ELOHIM se repite 7 veces en Génesis 1, lo que subraya lo fundamental que es la perspectiva de la unidad y la alabanza.

Antes de profundizar en las frases subrayadas, fíjate también en la palabra en cursiva, *era*. La Guía del Lector de la Traducción de Tabor explica el significado de la cursiva de la siguiente manera "La *cursiva* indica palabras que **no** están en el hebreo, pero que se suministran para mejorar el estilo inglés".

En la frase "Y ELOHIM vio que *era* bueno", la elección, *era*, conjura la idea de que la opinión de ELOHIM sobre la creación podría cambiar, cuando ese no puede ser el caso, pues el Infinito no ve nada más que a sí mismo.

Para evitar esta trampa de significado y completar la frase como los lectores esperan con razón, sería mejor utilizar el verbo presente *es* en lugar de *era*. Esta elección de palabras capta la perspectiva siempre presente del Infinito: "No hay otro". *No hay otro* es *el principio*, indicado por Génesis 1.

Espero que los lectores refresquen el texto en sus mentes, recordando que la creación es un testimonio y una alabanza siempre presentes en el momento; una revelación que siempre ha sido y siempre será: el Testigo. Para ayudarnos a centrarnos más claramente en esa perspectiva, a continuación, he revisado todas las frases de alabanza para que reflejen el tiempo presente. Para empezar a percibir la perspectiva del Infinito mientras lees, tendrás que relajarte y sentir profundamente todo tu cuerpo.

A continuación, enumero cada instancia de alabanza que se encuentra en Génesis 1, pero en tiempo presente y como una revelación de la creación potencial en lugar de la definitiva. Para ayudarnos en esta tarea, he eliminado el lenguaje de género para Dios, que es una regla gramatical hebrea poco útil que nos engaña sobre la naturaleza del Infinito. El Infinito incorpóreo no es específicamente masculino o femenino.

Antes de cada alabanza, incluyo el objetivo de la misma. Por favor, tómate un momento para visualizar el objetivo de cada elogio y luego lee en voz alta el elogio mientras sientes las vibraciones de las palabras al ser pronunciadas hacia el objetivo previsto.

1. Luz—"Y Dios ve la luz, que *es* Dios"
2. Tierra y mares—"Y Dios ve que *es* Dios"
3. Plantas y árboles—"Y Dios ve que *es* Dios"
4. Sol, luna, estrellas—"Y Dios ve que *es* Dios"
5. Criaturas acuáticas y voladoras—"Y Dios ve que *es* Dios"
6. Criaturas terrestres: "Y Dios ve que *es* Dios"
7. Todo lo que existe—"Y Dios ve todo lo que existe, y ¡mira! —*es* sumamente Dios".

La mente no puede comprender plenamente la naturaleza sin fisuras del Infinito porque la configuración por defecto de la mente es categorizar las cosas para una comprensión funcional. El Infinito no se puede entender, pero se *puede* sentir. Para obtener el mejor efecto, deja de intelectualizar por ahora; solo visualiza y siente tu cuerpo mientras dices las palabras con intención. Las palabras sin la visualización y el sentimiento nunca nos llevarán allí.

Como podemos ver en el texto, el Infinito lo alaba todo. En cuanto a los seres humanos, ELOHIM dijo: "Hagamos una criatura a nuestra imagen y semejanza".

Según el Génesis 1, eres imagen y semejanza de Dios. Con esto en mente, mírate en el espejo, y mientras sientes todo tu cuerpo, repite y siente: "Y Dios ve que soy Dios".

La práctica y unos ligeros estiramientos para liberar la tensión ayudarán a resolver los juicios inútiles y los sentimientos de separación que se mantienen en la mente subconsciente.

Ahora, mira a tu alrededor. A todos y a todo lo que veas, repite con sentimiento: "Y Dios ve que es Dios completo y sin fisuras".

Nota: La última frase citada, así como las frases numeradas, son formulaciones propias basadas en el principio de Génesis 1.

Capítulo 10
El Dios Encarnado
El Infinito Encarnado

Génesis 2 comienza con la unión utilizada para fusionar dos relatos de la creación separados. Tal vez recuerdes que en el capítulo 7 presentamos las pruebas de esta fusión. La unión va de Génesis 2:1 a 2:3. Para verificar que Génesis 2.4 es el comienzo de la historia como se pretendía en el texto original, notarás que a lo largo de los 53 capítulos del Génesis hay demarcaciones especiales al comienzo de las historias, todas las cuales usan la misma frase, "Estos son los orígenes de". El contenido relacionado con este capítulo no empieza hasta Génesis 2:4, donde comienza la segunda mitología del creador. Puedes ver la unión aquí:

> Capítulo **2:1** Y los cielos y la tierra y toda su compañía fueron terminados. **2** Y terminó ELOHIM en el séptimo día su obra, y cesó en el séptimo día de toda la obra que hizo. **3** Y ELOHIM bendijo el séptimo día, y lo puso aparte, porque en él cesó de toda su obra.

El Código del Génesis

4 Estos *son* los orígenes de los cielos y de la tierra[31] cuando fueron creados.

El Infinito no descansa, porque no se cansa. Continuamente, con alegría y sin esfuerzo, da a conocer su imagen en la alabanza. El descanso es para el Infinito encarnado, no para el Infinito desencarnado. El descanso es necesario para mantener la salud del cuerpo, pero la enseñanza del descanso no es el código. Este empalme nos lleva al enfoque de este capítulo, Génesis 2.

Génesis 2 representa la perspectiva de los "hijos de Dios", es decir, el Infinito expresado a través de la experiencia de los seres humanos. Aunque existen diferencias de perspectiva entre la expresión encarnada del Infinito y el Infinito desencarnado, queremos estar atentos a una importante línea transversal. Ese hilo conductor es el código. El código se encuentra en el texto subrayado de Génesis 2.

4 Estos *son* los orígenes de los cielos y de la tierra cuando fueron creados. En *el* día de la creación de YHVH[33] ELOHIM, la tierra y los cielos, **5** y ningún arbusto del campo estaba antes en la tierra, y ninguna planta del campo había brotado antes, pues YHVH ELOHIM no había hecho llover[c] sobre la tierra, <u>y no había ninguna criatura terrestre para servir a la tierra</u>; **6** y un vapor subía de la tierra, y regaba[c] toda la faz[p] de la tierra—**7** <u>y YHVH ELOHIM dio forma a la criatura terrestre del polvo</u>

---

[31] El Génesis tiene diez divisiones, cada una de las cuales comienza con la frase "Estos *son los* sucesos de..." y se indican en esta traducción con **negrita**.

[33] Nombre del Dios de Israel יהוה (Tetragrammaton), tradicionalmente Yahveh, o Yehovah; traducido SEÑOR en la mayoría de las versiones inglesas, pero aquí se lo identifica con cuatro letras sin vocales.

de la tierra, y sopló en sus dos narices aliento de vida^p; y lacriatura terrestre se convirtió en un ser viviente. **8** Y ELOHIM plantó un jardín en Edén[38], al este; y allí colocó a la criatura terrestre a la que dio forma. **9** Y YHVH ELOHIM hizo brotar^c de la tierra todo árbol apetecible para la vista y bueno para *comer*; y el árbol de la vida^p en medio del jardín, y el árbol del conocimiento del bien y del mal. **10** Y del Edén sale un río que riega^c el jardín, y de allí se separa y se convierte en cuatro ríos. **11** El nombre del primero *es* Pisón; rodea toda la tierra de Havilá, donde *hay* oro^d, **12** y el oro de esa tierra *es* bueno; *hay* bedelio y piedra de ónice. **13** El nombre del segundo río *es* Gihón, rodeatoda la tierra de Cus. **14** Y el nombre del tercer río *es* Hidekel; *es* el que corre al este de Asiria. Y el cuarto río *es* el Éufrates. **15** Y YHVH ELOHIM tomó a la criatura terrestre y la hizo descansar^c en el jardín del Edén, para que la sirviera y la cuidara. **16** Y YHVH ELOHIM *le impuso* a la criatura terrestre, diciendo: "¡De todo árbol del jardín, comerás— *seguramente* comerás!⁴⁴ **17** Y del árbol del conocimiento del bien y del mal, no comerás; porque *el* día que comas de él, ¡morirás!".⁴⁵ **18** Y YHVH ELOHIM dijo: "No es bueno que la criatura terrestre esté sola, le daré una ayuda como *la de* antes". **19** Y YHVH ELOHIM formó de la tierra todo ser viviente del campo, y toda ave voladora de los cielos, y los hizo venir^c hacia la criatura terrestre para ver cómo los llamaría; y cómo la criatura terrestre llamó a cada ser viviente, ese *fue* su nombre. **20** Y la criatura terrestre puso nombre a todo animal, y a las aves de los cielos, y a todo ser viviente del campo; pero para la *criatura terrestre* no se

---

[44] El doble uso del verbo indica énfasis.
[45] El doble uso del verbo indica énfasis.

encontró una ayuda, como *la de* antes. **21** Y YHVH ELOHIM hizo que un sueño profundo cayera^c sobre la criatura terrestre, y ella se durmió; y él tomó uno de sus lados, y puso carne debajo de él. **22** Y YHVH ELOHIM construyó el costado que tomó de la criatura terrestre en una mujer, y la hizo venir^c hacia la criatura terrestre. **23** Y la criatura dijo: "¡Esta es ahora hueso de mis huesos y carne de mi carne! A esta se le llamará "mujer", porque de un hombre fue tomada". **24** Por eso el hombre dejará a su padre y a su madre y se unirá a su mujer, y se convertirán en una sola carne. **25** <u>Y los *dos* estaban desnudos, la criatura terrestre y su mujer, y no se avergonzaban.</u>

Una vez leído todo el pasaje, repasemos y reflexionemos. La primera frase subrayada es la siguiente:

> no había ninguna criatura terrestre para el servicio de la tierra

Esta frase identifica el propósito de la humanidad. Podemos ver que este mismo mandato fue expresado en Génesis 1: que gobiernen sobre los peces del mar, y las aves del cielo, y los animales, y sobre toda la tierra, y todo lo que se mueve sobre la tierra.

Justo después de que el Infinito crea a los humanos en Génesis 1, repite el mandato humano, que es gobernar a todo ser vivo. El mandato no es tomar, sino cuidar, lo que se puede ver claramente en el pasaje siguiente:

> sometan, y gobiernen sobre los peces del mar, y las aves de los cielos, y sobre todo ser viviente que se mueve sobre la tierra.

Ahora veamos cómo fue creada la criatura terrestre, conocida como Adán, en Génesis 2, para ver qué valor puede haber allí.

> YHVH ELOHIM dio forma a la criatura terrestre del polvo dela tierra, y sopló en sus dos narices aliento de vida; y la criatura terrestre se convirtió en un ser viviente.

Mira tu cuerpo, su naturalidad. ¿Puedes encontrar algo en él que no sea tierra? Somos tierra y aire hasta la médula. Y los átomos que componen nuestro cuerpo y la tierra nacen completamente de las estrellas. Las estrellas, como todas las cosas, representan el cuerpo del Infinito. Todo lo que vemos, oímos, olemos, saboreamos, tocamos, sentimos o pensamos es una revelación sin fisuras del Infinito. Recuerda que en Génesis 1, ELOHIM "creó la criatura terrestre a su imagen: a imagen de ELOHIM la creó, macho y hembra los creó".

Nosotros, los humanos, somos imagen y semejanza del Infinito porque la tierra es imagen y semejanza del Infinito, como lo es el aire que respiramos, el planeta, el sistema solar, la galaxia y el Universo entero. Todo ello, todo tú, es el cuerpo del Infinito. No hay nada que puedas señalar o pensar, por muy aparentemente alejado del Infinito que lo juzgues, que no sea el Testigo que exploramos en el capítulo 3.

Podrías considerar a esas personas que causaron maliciosamente la masacre y el hambre de decenas o cientos de millones de personas, como Joseph Stalin, Adolf Hitler o Mao Zedong, y entonces sentirías la duda de que todos sean el Infinito, que todos sean buenos según su perspectiva. ¿Cómo es posible que esas personas representen al Infinito? Esta pregunta se relaciona directamente con una advertencia a Adán que se encuentra en el Génesis 2, de no comer del árbol del conocimiento del bien y del mal.

> Y del árbol del conocimiento del bien y del mal no comerás, porque *el* día que comas de él, morirás.

¿A qué se debe esta advertencia? ¿Qué es el árbol del conocimiento del bien y del mal? La desarmonía y el árbol del conocimiento del bien y del mal son temas relacionados que se encuentran en Génesis 3, del que hablaremos en el próximo capítulo. Por ahora, continuemos con Génesis 2.

En la siguiente frase de Génesis 2, podemos ver la primera referencia a algo que *no es bueno*.

> Y YHVH ELOHIM dijo: "No es bueno que la criatura terrestre esté sola, le daré una ayuda como *la de* antes".

¿No es lo mismo *no bueno* que *malo*? En este caso, no bueno significa simplemente incompleto. Esencialmente, el Infinito está diciendo que hay que hacer más para reflejar la naturaleza equilibrada del Infinito. *No bueno*, en este caso, no significa *malo*. Lo he subrayado para que el *"no bueno"* no te desvíe del camino de nuestra discusión.

El hecho de que la historia invierta los papeles del hombre y la mujer con respecto a la creación, Eva fue creada a partir de Adán, parece más bien una enseñanza cultural que pretende reforzar una sociedad patriarcal. Este aspecto de la historia no refleja el código. Esto nos lleva al último de los códigos que se encuentran en Génesis 2:

> Y los *dos* estaban desnudos, la criatura terrestre y su mujer, y no se avergonzaban.

Si alguna vez has estado cerca de niños pequeños, ellos, al igual que Adán y Eva, pueden caminar desnudos sin un ápice de timidez. Si miras atrás en tu vida, ¿puedes recordar cuándo perdiste ese estado de inocencia? ¿Qué edad tenías?

Como ves, Adán y Eva, aquí, están en la etapa de inocencia como la de los niños pequeños. No tienen una voz consciente de sí mismos en sus cabezas que les diga cómo pensarán los demás de ellos. No tienen una voz interior que mida su autoestima o el valor de los demás. La mente inocente descrita en Génesis 2 es un elemento central del código.

El punto clave que hay que recordar de este capítulo es el acto puro de cuidar que es el mandato del Infinito encarnado: Adán y Eva. Mientras estén en el flujo del cuidado, sienten claramente la armonía del Infinito en sus vidas.

Piensa en tu vida. ¿Hay algo que hagas o hayas hecho que se sienta como un verdadero cuidado? Sería un acto de servicio, hecho con amor, que no te hace ganar nada a nivel del ego. Lo que indicamos es una comunión en la que se sirve a todo el mundo, incluido tú, sin un sentido de ensimismamiento o codependencia respecto al servicio. Lo que sea que hagas que se ajuste a esta definición es una actividad que está alineada con tu naturaleza más verdadera, el Infinito dentro de ti. Cualquiera que sea esa actividad beneficia a todos y a todo de alguna manera. Podrías permitirte hacer más de eso.

Las actividades artísticas, creativas e inspiradoras se incluyen mejor en la categoría de cuidado, ya que alimentan el alma. Son actividades de cuidado, siempre y cuando participes en ellas inocentemente, con alegría, con todo tu ser, y las compartas con un corazón abierto, despreocupado por la forma en que puedas ser juzgado. Ganar reconocimiento o aceptar dinero por los productos de estas actividades nutritivas está bien siempre que la reputación y la riqueza no sean las principales fuerzas motivadoras.

Capítulo 11
La Serpiente

El Infinito Ensimismado

La serpiente del Edén ha sido considerada durante miles de años como el enemigo de Dios, su obstáculo principal. Aunque nunca se lo menciona directamente en el Génesis 1-3 ni en ninguna otra parte de la Biblia hebrea, se supone que la serpiente es la esencia del mal: Satanás. ¿Cómo se asoció a Satanás con la serpiente del Edén?

En el hebreo original no se hace referencia a Satanás como nombre personal, sino que se escribe *"el satanás"*. Sin embargo, las traducciones modernas al inglés representan falsamente el término como un nombre personal. Para corregir esta cuestión, en mi comentario me ceñiré a la presentación original, *el satanás*.

El término *el satanás* significa simplemente "acusador", "adversario" u "oponerse". El término puede aplicarse a cualquier adversario, acusador u oposición, incluidos los seres humanos, pero también se asocia a las fuerzas angélicas que se dice que son "enviadas" por Dios.

La primera referencia de este tipo en la Biblia hebrea se encuentra en Números 22:22. Allí *el satanás* se utiliza como un verbo que significa oponerse:

> Pero DIOS se enfadó mucho cuando él fue, y el ángel del SEÑOR se puso en el camino para oponerse a él (a Satanás, a él). Balaam iba montado en su asno, y sus dos siervos iban con él.

Cualquiera que estuviera en el camino con el objetivo de oponerse a Balaam habría sido descrito como *el satanás*, la oposición. El uso del término *"satanás"* no supone ninguna implicación de maldad. Cualquier cosa que se interponga en tu camino podría ser descrita como *el satanás* en hebreo antiguo.

Otra referencia a *satanás* se produce en 1 Reyes 22. El profeta Micaías comparte una visión de Dios al rey Acab que describe un ángel enviado para engañar, a satanás, el profeta de Acab:

> 19 Micaías continuó: "Por lo tanto, escucha la palabra del SEÑOR: Vi al SEÑOR sentado en su trono con todas las multitudes del cielo de pie a su alrededor, a su derecha y a su izquierda. 20 Y el SEÑOR dijo: "¿Quién incitará a Acab a atacar Ramot de Galaad y a morir allí?
>
> "Uno sugirió esto, y otro aquello. 21 Finalmente, un espíritu se adelantó, se puso delante del SEÑOR y dijo: 'Yo lo atraeré'. 22 "'¿Con qué medios?' preguntó el SEÑOR.
>
> "'Saldré y seré un espíritu engañoso (que significa para satanás) en la boca de todos sus profetas', él dijo. "'Lograrás seducirlo', dijo el SEÑOR. 'Ve y hazlo'.

Otra aparición de *satanás* se produce en el libro de Job. En el hebreo antiguo, *satanás* no significa el nombre personal de un ángel, sino una descripción de su tarea: en este caso, actuar como adversario de Job a petición de Dios. En las traducciones bíblicas modernas, sin embargo, *el satanás* se presenta como un nombre personal poniendo la primera letra en mayúscula para que quede como "Satanás".

Job 1:6-8 describe a los "hijos de Dios" presentándose ante el Todopoderoso. Los hijos de Dios se consideran manifestaciones angélicas de Dios, entre las que se encuentra *Satanás*. Se podría ver esto como una forma de henoteísmo, con los ángeles, cuyos nombres terminan con "el" siendo aspectos de o manifestaciones de ELOHIM como se discute en el capítulo 5.

> 6 Un día los ángeles vinieron a presentarse ante el Señor, y también Satanás vino con ellos. 7 El Señor le dijo a Satanás: "¿De dónde vienes?". Satanás respondió al Señor: "De vagar por la tierra, yendo y viniendo por ella". 8 Entonces el Señor dijo a Satanás: "¿Has considerado a mi siervo Job? No hay nadie en la tierra como él; es intachable y recto, un hombre que teme a Dios y evita el mal".

El satanás sugiere que la fe de Job no es tan fuerte y que maldecirá a Dios en cuanto las cosas empiecen a ir mal. Entonces Dios envía a *satanás* a probar a Job, diciendo: "Muy bien, entonces, todo lo que él tiene está en tu poder, pero sobre el hombre mismo no pongas un dedo".

Del Libro de Job no solo recibimos la noción de que *el satanás* es un ángel, sino también que *el satanás* es un tentador y adversario de la humanidad. Lo que parece que se nos escapa es que *el satanás* es un "hijo de Dios", una manifestación que actúa según la naturaleza de Dios. *El satanás*, según la Biblia hebrea, no actúa realmente contra Dios, aunque a primera vista parezca que es así. Este sería el caso incluso si *el satanás* creyera que se opone a Dios. Nada está fuera o en verdadera oposición al Infinito, pues no existe otro que se oponga realmente al Infinito.

Entonces, ¿cómo encaja la idea de que *el satanás* trabaja para el Infinito en el *principio* codificado del Génesis? Génesis 3 en su totalidad trata de la conciencia de sí mismo, del ensimismamiento y de sus consecuencias, a saber: la arrogancia, la vergüenza, la responsabilidad, la culpabilidad y el engaño. El Génesis 3 puede entenderse como la perspectiva completa del engañador, *el satanás*, que ha perdido su conciencia de unidad con el Infinito a través del sueño del ensimismamiento. *El satanás* en Génesis 3 es descrito metafóricamente como la serpiente. Echemos un vistazo a Génesis 3 y observemos el texto subrayado, que representa el código que es relevante para este capítulo.

> Capítulo **3:1** <u>Y la Nachash[55] era más astuta[56] que[57] cualquier ser viviente del campo que YHVH ELOHIM hizo. Y dijo a la mujer: "¿Acaso dijo ELOHIM: 'Nop puedes comer de ningún árbol del jardín'?".</u> **2** <u>Y la mujer dijo a Nachash: "Del fruto de los árboles del jardín podemos comer; **3** y del fruto del árbol que está en medio del jardín, dijo ELOHIM:</u>

---

[55] La palabra hebrea *nachash* significa una serpiente, pero también puede hacer mención a una criatura marina (Amós 9:3; Isaías 27:1), la raíz significa "brillar" (como el bronce) o "silbar" como en el encantamiento.
[56] La palabra hebrea *'arum*, ver verso anterior; "desnudo" viene de la misma raíz, que significa "suave" o "resbaladizo".
[57] Es decir, más astuto en contraste con ("lejos de") cualquier otro.

'No^p comerás de él, y no lo tocarás, para que no mueras'".
4 Y la Nachash dijo a la mujer: "¡Morir, ciertamente^p no morirás!⁵⁹ **5** Porque ELOHIM sabe que *el* día que comas de él, se te abrirán los ojos y serás como^p ELOHIM conociendo^p el bien y el mal". **6** Y la mujer vio que el árbol *era* bueno para *comer, y* que *era* un anhelo para los ojos, y que el árbol *era* deseable para alcanzar sabiduría^c, y tomó de su fruto y comió; y dio también a su hombre, y él comió con ella. **7** Y los ojos de los dos se abrieron, y supieron que *estaban* desnudos; y cosieron hojas^s de una higuera y se hicieron taparrabos. **8** Y oyeron la voz⁶² de YHVH ELOHIM que se paseaba por el jardín al fresco del día, y la criatura terrestre y su mujer se ocultaron^c de la cara^p de YHVH ELOHIM en medio de los árboles^s del jardín. **9** Y YHVH ELOHIM llamó a la criatura terrestre, *y le dijo:* "¿Dónde *estás*?". **10** Y él respondió: "Oí tu voz en el jardín, y temí, porque *estaba* desnudo, y me escondí". **11** Y él dijo: "¿Quién te dijo que *estabas desnudo*? Del árbol que te mandé 'para no comer de él', ¿has comido?". **12** Y la criatura terrestre dijo: "La mujer, que tú me diste *para estar conmigo*, me dio del árbol, y yo comí". **13** Y YHVH ELOHIM dijo a la mujer: "¿Qué *es* lo que has hecho?". Y la mujer dijo: "La Nachash me engañó, y comí". **14** Y YHVH ELOHIM dijo hacia la Nachash: "Por haber hecho esto, maldita *serás* sobre todo animal, y sobre todo ser viviente

---

⁵⁹ El doble uso del verbo indica énfasis.
⁶² Es decir, el sonido; en hebreo "voz" se utiliza como metáfora de todo tipo de sonidos.

del campo; sobre tu vientre andarás, y polvo comerás, todos los días de tu vida^P. **15** Y pondré hostilidad entre tú y la mujer, y entre tu descendencia y la suya[66]; *él* te golpeará en *la* cabeza, y *tú* le golpearás en *el* talón". **16** A la mujer dijo: "Multiplicaré^c, ¡seguramente multiplicaré^c![68] tu angustia[69] y tu embarazo; en la angustia darás a luz hijos, y a tu hombre *será* tu anhelo[70], y *él* gobernará en ti".[71] **17** Y a *la criatura terrestre*[72] le dijo: "Por haber escuchado a[73] la voz de tu mujer y haber comido del árbol que te mandé decir: 'No comerás de él', maldita *es* la tierra por tu culpa. En la angustia[74] la comerás todos los días de tu vida^P; **18** y te brotarán espinas y cardos, y comerás la planta del campo. **19** Con el sudor de tus dos narices comerás el pan, hasta que vuelvas a la tierra, porque de ella fuiste tomado; porque polvo *eres*, y al polvo volverás". **20** Y la criatura terrestre le puso por nombre Eva[75] a su mujer, porque *ella* era madre de todos los vivientes. **21** YHVH ELOHIM hizo ropas de piel para *la criatura terrestre* y su mujer, y los vistió. **22** Y YHVH ELOHIM dijo:"¡Mira! La criatura terrestre ha

---

[66] O "descendencia", el término hebreo *zera'* se refiere normalmente a la "semilla" masculina, pero puede referirse también a la reproducción femenina (Gn 16:10; Lv 12:2).
[68] El doble uso del verbo indica énfasis.
[69] O "dolor", la misma palabra que en el v. 17b.
[70] El término hebreo *'ish*.
[71] Es decir, con respecto a; cf. Gn 4:7, se utiliza la misma expresión.
[72] El término hebreo *'adam*, "criatura terrestre", sin el artículo, probablemente el nombre propio, "Adán".
[73] Literal "oído a".
[74] O "dolor", "dificultad", la misma palabra del v. 16.
[75] El término hebreo *chavah*, que significa "fuente de vida".

llegado a ser como uno de nosotros, conociendo el bien y el mal; ¡y ahora, para que no meta su mano y tome también del árbol de la vida^P, y coma, y viva para siempre...!"[79] **23** Y YHVH ELOHIM lo envió desde el jardín del Edén, para que sirviera a la tierra de la que fue tomado. **24** Y expulsó a la criatura terrestre, y al oriente del jardín del Edén hizo habitar^c querubines, y una espada encendida que giraba en todas direcciones para guardar el camino del árbol de la vida^P.

Como puedes ver, hay mucho que digerir en Génesis 3, pero no te preocupes. Realmente no es tan complicado. Veamos la primera frase subrayada que se muestra a continuación para empezar a digerir el significado codificado:

Y la Nachash[55] era más astuta[56] que[57] cualquier ser viviente del campo que YHVH ELOHIM hizo.

Esta sola frase nos dice mucho sobre la serpiente. En primer lugar, tenemos la palabra Nachash que significa serpiente, pero tiene significados de la raíz en la palabra "brillo" como el bronce y "silbido" como un encantamiento. La serpiente del jardín se

---

[55] La palabra hebrea *nachash* significa una serpiente, pero también puede hacer mención a una criatura marina (Amós 9:3; Isaías 27:1), la raíz significa "brillar" (como el bronce) o "silbar" como en el encantamiento.

[56] La palabra hebrea *'arum*, ver verso anterior; "desnudo" viene de la misma raíz, que significa "suave" o "resbaladizo".

[57] Es decir, más astuto en contraste con ("lejos de") cualquier otro.

[79] Es decir, continuamente; modismo hebreo que se refiere a un tiempo indeterminado en el futuro o en el pasado. La frase está incompleta y se interrumpe sin terminar el pensamiento.

considera comúnmente como una serpiente física, pero esa visión literal no revela el código. Mira los significados de la raíz del término para tener una mejor idea de lo que está sucediendo aquí: un encantamiento brillante.

La serpiente es una metáfora de un sentimiento o pensamiento irresistible que no se puede ignorar. En Génesis 3, podemos ver que un sentimiento o pensamiento encantador se ha apoderado de la mente de Eva, no muy diferente a la idea de cierta comida apetecible que puede quedarse en nuestra mente y obligarnos a comer cuando no es saludable o necesario hacerlo. El mismo sentimiento o patrón de pensamiento imperioso surge en las discusiones cuando sabemos que es mejor no decir esa determinada cosa, pero la decimos de todos modos, solo para crear una mayor desarmonía.

Normalmente, cuando nos comportamos de forma tan poco armoniosa, nos sentimos obligados a justificarnos. Si has experimentado ese fenómeno, entonces entiendes en cierta medida lo que Eva está experimentando en Génesis 3.

Antes de comer esa comida apetecible o decir esa cosa que no deberíamos haber dicho, experimentamos alguna desarmonía interna que potenció el comportamiento. La pregunta es, ¿qué desarmonía preparó el escenario para el comportamiento de Eva?

¿Qué desarmonía dentro de Eva buscaba consuelo?

Fíjate en que la serpiente comparó a Eva con el Infinito, sugiriendo que no merecía estar allí. La desarmonía era un pensamiento en la mente de Eva que sugería que ella estaba separada y era menos que el Infinito y por lo tanto no merecía el amor del Infinito. Eva se juzgó a sí misma como mala. Incluso antes de que la historia nos lo cuente, ya ha comido del árbol del conocimiento del bien y del mal y sufre las consecuencias de la duda y el engaño.

La duda sobre la autoestima es la primera desviación de la armonía, que una persona de mentalidad religiosa podría llamar el primer pecado. El juicio en el caso de Eva fue "no soy lo suficientemente buena", "no doy la talla", "no merezco ser amada". Muchos de nosotros hemos sentido exactamente lo mismo. Estos pensamientos y sentimientos engañosos estimulan la búsqueda de identidad que atrapa a la humanidad en el ensimismamiento.

Durante miles de años, se nos ha dicho que el pecado original, un pecado por el que la humanidad en su conjunto debe pagar el precio, tuvo que ver con una joven pareja que comió una manzana o un membrillo en contra del mandato de Dios. Se nos ha dicho que este pecado de desobediencia no puede ser perdonado.

La historia es simbólica, como nuestros sueños. Lo que se consumió no fue una fruta real, sino el juzgarse a uno mismo y el engaño de que uno podría tener la capacidad de medir realmente su valor. Eva se juzgó a sí misma como indigna, lo que va en contra de su naturaleza como encarnación del Infinito. Casi todos nosotros emitimos juicios morales a diario, ¿no es así? Puede ser un juicio propio o un juicio sobre los demás. En cualquiera de los dos casos, perdemos el sentido de la inocencia y la magia de la vida, y esto es lo que significa la advertencia "Y del árbol del conocimiento del bien y del mal, no comerás; porque *el* día que comas de él, ¡morirás!". Aunque algunos argumentan que la advertencia se refiere a la muerte física, ya que la historia es una alegoría, creo que es prudente buscar su significado espiritual más profundo, la muerte de la inocencia. La pérdida de la inocencia es una forma de muerte espiritual.

Ahora veamos la forma en que la serpiente tentó a Eva, que

refleja las muchas tentaciones de nuestra vida. "¡Morir, *ciertamente* no morirás!", le dijo. ¿No tratamos a veces de convencernos de que podemos salirnos con la nuestra con pensamientos y comportamientos engañosos? ¿No minimizamos nuestro mal comportamiento como algo pequeño e inofensivo que se puede ocultar o que nadie notará, que no es gran cosa? Eso es exactamente lo que significa aquí "¡Morir, *ciertamente* no morirás!".

Siempre hay que pagar un precio, y no hay forma de evitarlo. El precio no siempre es evidente, pero se paga en su totalidad con la pérdida de la inocencia, la magia de la vida. La serpiente representa al diablo al que has vendido tu alma.

La primera palabra, "Morir", es la desconexión inmediata de la realidad que supone el engaño. Quizá tengas que volver al recuerdo de tu primer gran engaño para recordar la sensación de tremendo ensimismamiento de aquel momento. El *"ciertamente* no morirás" es donde la mente inteligente juega su juego libre con la realidad. El énfasis en el *"ciertamente",* como se muestra en cursiva, nos da la idea de que, de alguna manera, podemos eludir la ley del Universo, si somos lo suficientemente inteligentes.

En el plano del alma, no nos libramos de nada en absoluto. Pagamos con la pérdida de la inocencia. Y cuando la inocencia ha sido aplastada hasta el punto de que nuestra conciencia se ha apagado, entonces puede que ni siquiera nos importe justificarnos. Simplemente hacemos lo que nuestras compulsiones nos dicen que hagamos sin pensar en las consecuencias, un lugar espiritualmente oscuro, sin duda.

Pero no repitamos el error culpando a Eva, como se ha hecho durante miles de años. Por primera vez en su vida, Eva sufría de autoconciencia. Es como llegar a la pubertad y, de repente, verse abrumada por sentimientos e impulsos que no entiendes y no puedes controlar fácilmente. El juicio moral no era exactamente su culpa; más bien, era el resultado de la evolución natural y la maduración corporal, y la creencia infundada de que podía salirse con la suya con su engaño, que pasaría desapercibida, sin pagar la deuda.

Eva transmitió entonces a Adán el sentimiento de inseguridad y le abrió los ojos a la autoconciencia y al juicio moral contra sí mismo. En general, las chicas llegan a la pubertad antes que los chicos, es decir, maduran más rápidamente. Eso es lo que ocurre aquí. Eva maduró antes que Adán, lo que significa que no hay pecado original. Piensa en lo confusa y ensimismada que puede ser la adolescencia y en lo absorbente que puede ser la conciencia de la imagen.

Una vez que el ensimismamiento se apoderó de ellos, Adán y Eva sintieron vergüenza por su desnudez y cubrieron sus partes íntimas con taparrabos hechos de hojas de higuera. Ahora, considera a los niños pequeños, cómo pueden andar desnudos en público y no sentir vergüenza. Mientras los niños no tengan conciencia de sí mismos, no sienten vergüenza.

La inocencia no debe confundirse con ciertas prácticas de renuncia, como la de los monjes jainistas, que hacen una declaración contra la comodidad y la vestimenta al ir desnudos en público. La renuncia no es inocencia. La renuncia, en general, es el abandono de la búsqueda de comodidades materiales con el objetivo de alcanzar la iluminación espiritual. Los seres humanos no renuncian a las cosas hasta que pierden la inocencia. No digo que la renuncia esté mal. Solo que no es lo mismo que la inocencia. El Génesis 3 nos habla del momento en que Adán y Eva perdieron su inocencia por la maduración natural y el posterior desarrollo de la conciencia de sí mismos. Lo que ellos experimentaron no difiere en lo esencial del momento en que nosotros tomamos conciencia de nosotros mismos y perdemos nuestra inocencia cuando somos niños pequeños.

Por mi parte, el mundo me pareció mágico hasta el jardín de infancia, cuando hice una prueba de daltonismo. No nos dijeron para qué servía la prueba, solo que debíamos mirar unas diapositivas de colores a través de una lente y decir en voz alta los números que viéramos dentro de las diapositivas. Otros niños gritaban todos los números con entusiasmo. Yo no pude ver ni un solo número y me puse a llorar, pensando que era un estúpido. La profesora me miró al final de la prueba y me dijo: "No te preocupes. No te pasa nada". Su respuesta agravó mi preocupación. Evidentemente, algo me pasaba. Supuse que me faltaba inteligencia. Su intento de minimizar mi diferencia solo sirvió para confirmar mis sospechas. Todos hemos tenido momentos así. Tal vez sea inevitable.

Consideremos cómo la autoconciencia se manifiesta por primera vez en nuestra experiencia. Durante la infancia, somos testigos de cómo la gente se juzga a sí misma o a los demás. Y así, empezamos a anticipar cómo podemos ser juzgados. Es posible que nos juzguen durante algún tiempo antes de que seamos lo suficientemente conscientes como para anticipar el juicio. Cuando, como niños pequeños, hemos reconocido que podemos ser juzgados, el autojuicio se convierte en la base de nuestra identidad personal.

El autojuicio parece ser una fase natural en el proceso de socialización de los seres humanos, que es la muerte espiritual de la que hablamos antes con respecto a la advertencia de Dios "morirás, ciertamente morirás". Cuando somos apenas unos bebés, simplemente somos incapaces de reconocer lo que los demás pueden sentir por nosotros o por nuestras acciones. Sin una socialización adecuada, seríamos incapaces de jugar y cooperar con los demás, lo que sería un resultado horrible.

Como los humanos carecemos de colmillos, pieles y garras, necesitamos un grado de socialización mucho mayor que la mayoría de los demás animales. La autoconciencia es necesaria para el grado de socialización que requerimos para sobrevivir. La autoconciencia puede ser necesaria para socializar a los niños de modo que sean aceptados en el grupo, pero tiene un precio.

El autojuicio duele profundamente, y una vez que comienza, le quita la magia a la vida. Todos perdemos la inocencia cuando la serpiente metafórica nos susurra al oído: "No eres lo suficientemente bueno", "No das la talla", "No mereces el amor", y nos lo creemos. Cuando se produce ese engaño inicial, empieza a crecer una desarmonía en nuestro interior como un cáncer maligno, que estimula la búsqueda de una identidad que nos haga sentir seguros o poderosos.

Tal vez no te sientas identificado con el autojuicio negativo, porque tal vez sientas que eres genial en comparación con los demás. La tentación podría ser asumir que *el principio* no se aplica a ti en este caso. Eso sería un error, ya que *el principio* abarca todas las formas de juicios de autoestima, incluidas las que son comparativamente positivas. En la cuarta parte nos ocuparemos de este aspecto del *principio*.

Aquí es donde la historia del Génesis se vuelve poco intuitiva. Desde la perspectiva miope de la humanidad ensimismada, la serpiente parece mala, al igual que nuestros pensamientos y juicios negativos parecen malos. Es importante recordar que nada está fuera del Infinito, y el Infinito ve todo como bueno. Solo tenemos que abrir los ojos para ver el panorama general.

Con la idea de un bien infinito en mente, considera la posibilidad de que la serpiente en esta alegoría cumpla una función del Infinito. Supongamos que el autojuicio es un paso necesario en nuestro desarrollo. El juicio es la naturaleza *de satanás*; es decir, el juicio es sinónimo *de satanás*. Puedes ver en el texto anterior que *el satanás* es descrito como el engañador y la oposición. El libro de Zacarías es donde comienza esa asociación.

En el libro de Zacarías, Josué, un sumo sacerdote, representa a la nación de Judá en un juicio por sus pecados. Durante el juicio, Dios es el juez, mientras que *Satanás* es el fiscal. A continuación, se encuentra el pasaje relevante de Zacarías 3:1:

> 3 "Entonces me mostró al sumo sacerdote Josué de pie ante el ángel del SEÑOR, y a Satanás de pie a su lado derecho para acusarlo".

De los muchos pasajes presentados hasta ahora en este capítulo, podemos ver que *el satanás* es descrito como el adversario, el acusador, un engañador, un tentador, un fiscal y un ángel. La asociación entre las cualidades de la serpiente como *el satanás* es obvia. Veamos lo que ocurre a continuación en Génesis 3.

> 8 Y oyeron la voz de YHVH ELOHIM que se paseaba por el jardín al fresco del día, y la criatura terrestre y su mujer se ocultaron[c] de la cara[p] de YHVH ELOHIM en medio de los árboles[s] del jardín. 9 Y YHVH ELOHIM llamó a la *criatura terrestre*, y le dijo: "¿Dónde *estás*?". 10 Y él respondió: "Oí tu voz en el jardín, y temí, porque *estaba* desnudo, y me escondí". 11 Y él dijo: "¿Quién te dijo que

estabas desnudo? Del árbol que te mandé 'para no comer de él', ¿has comido?". 12 Y la criatura terrestre dijo: "La mujer, que tú me diste *para estar* conmigo, me dio del árbol, y yo comí".

En su vergüenza y culpabilidad, Adán y Eva intentan esconderse. Cuando Dios les dice que sabe que han comido del árbol del conocimiento del bien y del mal, Adán se vuelve y culpa a Eva y a Dios simultáneamente, pues Dios creó a Eva y habría sabido que iba a comer del árbol. Entonces Eva, queriendo desviar la culpa, señala a la serpiente como el origen de la desobediencia. Por supuesto, la serpiente, como Eva, también es una creación de Dios, por lo que su culpa también se refleja en Dios.

Como resultado de la conciencia de sí mismos, los hijos sufren ahora una triple desarmonía: vergüenza, responsabilidad y culpabilidad. Dios maldice a las tres partes, Eva, Adán y la serpiente:

> **14** Y YHVH ELOHIM dijo hacia la Nachash: "Por haber hecho esto, maldita *serás* sobre todo animal, y sobre todo ser viviente del campo; sobre tu vientre andarás, y polvo comerás, todos los días de tu vida[p]. **15** Y pondré hostilidad entre tú y la mujer, y entre tu descendencia y la suya[66]; él te golpeará *en la* cabeza, y *tú* le golpearás *en el* talón". **16** A la mujer dijo: "Multiplicaré[c], ¡*seguramente* multiplicaré[c]! tu angustia y tu embarazo; en la angustia darás a luz hijos, y

---

[66] O "descendencia", el término hebreo *zera'* se refiere normalmente a la "semilla" masculina, pero puede referirse también a la reproducción femenina (Gn 16:10; Lv 12:2).

tu hombre será tu anhelo, y *él* gobernará en ti".[71] **17** Y a la criatura terrestre le dijo: "Por haber escuchado a[73] la voz de tu mujer y haber comido del árbol que te mandé decir: 'No comerás de él', maldita *es* la tierra por tu culpa. En la angustia[74] la comerás todos los días de tu vidaP; **18** y te brotarán espinas y cardos, y comerás la planta del campo. **19** Con el sudor de tus dos narices comerás el pan, hasta que vuelvas a la tierra, porque de ella fuiste tomado; porque polvo *eres*, y al polvo volverás".

La respuesta parece un montón de juicios y maldiciones de un dios omnipresente, omnisciente y todopoderoso, uno que debió saber que Adán y Eva comerían del árbol del conocimiento del bien y del mal cuando "él" los creó y los colocó en el jardín con ese árbol seductor. El juicio y las maldiciones de Dios parecen no estar en sintonía con el Dios representado en Génesis 1. Allí ELOHIM solo veía el bien.

La clave para entender Génesis 3, para resolver esta aparente contradicción, es darse cuenta de que cada una de sus palabras es una proyección de mentes ensimismadas. Toda la historia se crea desde la perspectiva de la "serpiente", la perspectiva que ha perdido el sentido de unidad con todo lo que existe, debido al ensimismamiento natural que permite la autoconciencia. Esencialmente, el Infinito encarnado ha olvidado su naturaleza Infinita, y está atrapado en la identificación personal.

---

[71] Es decir, con respecto a; cf. Gn 4:7, se utiliza la misma expresión.
[73] Literal "oído a".
[74] O "dolor", "dificultad", la misma palabra del v. 16.

El Génesis 3 representa, en gran parte, la evolución del Infinito encarnado, a través del agrandamiento del cerebro humano, que da lugar a un mayor grado de autoconciencia y al consiguiente juicio que genera la autoconciencia. El comer metafóricamente el árbol del bien y del mal representa una evolución en el ser humano que nos permite desarrollar los tipos específicos de inteligencia que diferencian las capacidades mentales humanas de las de otros animales. Podemos ver la evidencia en la siguiente afirmación de Génesis 3:

> "Multiplicaré[c], ¡*seguramente* multiplicaré[c]! tu angustia y tu embarazo; en la angustia darás a luz hijos, y tu hombre *será* tu anhelo, y *él* gobernará en ti".

Muchas de las razones por las que las mujeres antes de la modernidad dependían tanto de los hombres para sobrevivir eran biológicas. En primer lugar, hasta mediados del siglo XX no se disponía de ningún medio fiable de control de la natalidad, por lo que la mayoría de las mujeres maduras se quedaban embarazadas casi constantemente, especialmente en las circunstancias más primitivas.

El largo periodo de gestación de nueve meses necesario para preparar a un bebé humano para el nacimiento es mucho más largo que el de la mayoría de los animales, con las principales excepciones de los gorilas (8,5 meses), las ballenas (10-14 meses) y los elefantes (unos 20 meses), todos ellos animales muy inteligentes que los científicos sospechan que también son conscientes de sí mismos. A lo largo del embarazo humano, las futuras madres son muy vulnerables y necesitan protección y apoyo.

En cuanto al dolor del parto mencionado en la maldición de Dios contra las mujeres en Génesis 3, las cabezas de los bebés humanos al nacer son tan grandes que la anchura de las caderas femeninas ha aumentado necesariamente a lo largo de los eones para permitir que el bebé pase por el canal de parto. Los biólogos sugieren en gran medida que las caderas de las mujeres ya están en su máxima anchura evolutiva. Si las caderas crecieran mucho más, las mujeres perderían la capacidad de caminar. Debido a las grandes cabezas, el parto es una experiencia ardua y dolorosa para la mayoría de las mujeres. Por supuesto, si algo sale mal en el proceso, la probabilidad de muerte es mucho mayor que en otros animales.

Los largos periodos de gestación, el dolor y el peligro del parto, el largo ciclo de desarrollo de los niños después del nacimiento, con los cuidados y la tutoría casi constantes que se requieren para criar a un ser humano sano y funcional, combinados con el hecho de que los seres humanos no tuvieron un control de la natalidad fiable hasta la década de 1960: todos estos factores hacían que las mujeres fueran muy dependientes de sus hombres y de las demás personas de sus clanes.

Génesis 3 es una descripción de los efectos naturales de la evolución de los cerebros humanos hacia una mayor autoconciencia y capacidades mentales relacionadas. Con la mayor conciencia de nosotros mismos que nos proporcionan nuestros cerebros más grandes, unida a la ignorancia de nuestra verdadera naturaleza, nos condenamos a nosotros mismos, a los demás, al Universo y, por delegación, al Infinito casi constantemente. Génesis 1-3 nos advierte que el ensimismamiento es la causa de nuestro sufrimiento.

Nos hemos apoyado casi por completo en nuestra inteligencia

para sobrevivir, concretamente aislándonos de la naturaleza de formas que otras criaturas no pueden. En el proceso de protegernos, se ha producido una separación psicológica de nuestra naturaleza más profunda, de nuestros propios cuerpos y de nuestra conexión sentida con el Infinito. En resumen, nos sentimos profundamente solos como resultado de la muerte de la inocencia.

La caída no es algo del pasado, sino que está ocurriendo en este mismo momento, al igual que la posibilidad del regreso al Edén. Para entender esta idea, primero hay que observar detenidamente la traducción que aparece a continuación, tomada de scripture4all.org. Muestra el hebreo (que va de derecha a izquierda) y la traducción literal al inglés debajo que va de izquierda a derecha.

```
3.24  וַיְגָרֶשׁ              אֵת  הָאָדָם          וַיַּשְׁכֵּן                        מִקֶּדֶם
      u·igrsh               ath  e·adm           u·ishkn                          m·qdm
      and·he-is-driving-out »   the·human       and·he-is-causing-to-tabernacle  from·east

לְגַן  עֵדֶן  אֶת הַכְּרֻבִים       וְאֵת  לַהַט        הַחֶרֶב    הַמִּתְהַפֶּכֶת
l·gn   - odn  ath e·krbim          u·ath  let          e·chrb     e·mthephkth
to·garden-of Eden »  the·cherubim  and·»  flame-of     the·sword  the·one-turning-herself

לִשְׁמֹר         אֶת דֶּרֶךְ  עֵץ    הַחַיִּים : ס
l·shmr               ath drk    otz    e·chiim  : s
to·to-guard-of   »   way-of    tree-of the·lives
```

https://www.scripture4all.org/OnlineInterlinear/OTpdf/gen3.pdf

"and·he-is-driving-out » the·human and·he-is-causing-to-tabernacle from·east to·garden-of Eden » the·cherubim and·» flame-of the·sword the·one-turning-herself to·to-guard-of » way-of tree-of the·lives"

Ten en cuenta que el hebreo y la traducción literal están en tiempo presente continuo, como se puede ver en "Él está <u>expulsando</u> al hombre" y "la que está <u>girando</u>". Ahora lee con

La Serpiente

atención la traducción final al español:

> 24 <u>Expulsó</u>, pues, al hombre, y <u>puso</u> al oriente del jardín del Edén querubines y una espada flamígera que <u>giraba</u> hacia todos lados, para guardar el camino del árbol de la vida.

Obsérvese que está totalmente retratado en tiempo pasado con los verbos "expulsó", "puso" y "giraba". El tiempo pasado es un supuesto significado insertado por los traductores que resulta en un significado muy diferente del texto hebreo original. Si examinas detenidamente la traducción literal, en verde, directamente debajo del texto hebreo y la comparas con la traducción final, notarás que hay una gran cantidad de suposiciones en la traducción que pueden inducir a error. Para nuestros propósitos en este capítulo, basta con notar el cambio del tiempo presente continuo correcto al tiempo pasado incorrecto.

Teniendo en cuenta esta simple corrección de tiempo, podemos ver que la humanidad no cayó irremediablemente en desgracia en algún momento lejano del pasado. No, está ocurriendo ahora mismo, debido al ensimismamiento que experimentamos en nuestra vida diaria. Y ese mensaje nos da esperanza, porque si el ensimismamiento está causando una sensación de separación en este momento, significa que podemos hacer algo al respecto ahora mismo, intentando estar menos ensimismados en este momento y estando un poco menos ensimismados cada día. Ahora conocemos el camino hacia el árbol de la vida o el "árbol de las vidas", como se describe más arriba.

Para ayudarnos a avanzar en una dirección saludable, dedica un tiempo cada día a hacer un recuento de los momentos del día en los que mediste o juzgaste tu valor fundamental o el de otra persona. Fíjate en los momentos en los que has sentido vergüenza, culpa o arrogancia. Deja ir esos sentimientos, porque no son útiles. En lugar de castigarte a ti mismo con energías ineficaces como el juicio moral y perpetuar el sufrimiento de Adán y Eva, simplemente considera qué preferirías en tu vida si realmente te amaras a ti mismo y quisieras ser lo más completo posible. ¿Prefieres continuar con el comportamiento por el que te juzgas a ti mismo y a los demás? Si no es así, reduce ese comportamiento y realiza más los comportamientos que te lleven en una dirección saludable.

Al reducir el juicio moral, hacer menos de lo que no es saludable para tu bien a largo plazo, y hacer más de lo que es saludable, tu ejemplo apoya a otros a hacer cambios saludables, así como a estar libres de juicio moral. Con la persistencia diaria, esta práctica puede aportar una enorme claridad interior y liberación. Y recuerda que no hay, ni hubo nunca, un pecado original.

Capítulo 12
Los Mapas de la Vida

Como vimos en el capítulo 9, Génesis 1 traza la perspectiva del Infinito incorpóreo, cómo ve el cosmos, el cielo, las aguas, la tierra, la flora, la fauna y la humanidad como un reflejo perfecto de sí mismo. En el capítulo 10 se analiza el Génesis 2 y cómo traza la experiencia del Infinito sobre sí mismo a través de la vida de los primeros seres humanos. El Génesis 2 habla de una inocente relación armoniosa entre la humanidad y el medio ambiente. El capítulo 11 reflexiona sobre el Génesis 3, que subraya el proceso por el que el Infinito experimenta la autoconciencia individual y el ensimismamiento. Dado que Génesis 3 refleja el estado actual de la humanidad, profundicemos en las implicaciones de ese texto.

Génesis 3 funciona como un esquema de la conciencia humana que podemos mapear en tres procesos diferentes de la experiencia humana. Como he sugerido antes, Génesis 2-3 resume el proceso evolutivo de los seres humanos, pasando de una especie homínida más primitiva al homo sapiens, así como el proceso de maduración natural del desarrollo infantil. También se lee como una guía para la experiencia meditativa o de oración. Creo que ya hemos hablado bastante del mapa evolutivo, así que en este capítulo vamos a hablar más de los otros dos mapas, el proceso de desarrollo infantil y el proceso de oración y meditación. Hablemos primero del proceso de meditación.

Cuando meditamos o rezamos con la suficiente profundidad, como muchas personas han atestiguado, somos capaces de encontrarnos con el Infinito de forma parecida a como lo hice yo cuando me rompí el tobillo de joven. La experiencia puede durar minutos, horas o días antes de que la sensación de un yo aislado regrese gradualmente. A medida que la experiencia pura del Infinito se aleja de nosotros, la sensación de conexión y comunión con nuestro entorno permanece durante un tiempo. Se puede sentir como si todo estuviera vivo y consciente en un nivel más profundo, como Adán y Eva experimentaron una sensación de armonía con ellos mismos, su entorno y el Infinito. En algún momento, el sentido del yo regresa en cierta medida y nos encontramos más o menos de vuelta en nuestras mentes ensimismadas, pero con un recuerdo de esa experiencia del Infinito que sirve como luz de guía, ayudándonos a abrirnos un poco más al Infinito en nuestra vida diaria.

Los lectores que hayan tenido una experiencia directa del Infinito a través de la meditación, la oración o la experiencia mística probablemente se relacionarán con las fases del proceso que he descrito anteriormente. Si no han tenido tales experiencias, pueden relacionarse con esta parte de la historia del Génesis de otra manera: a través del proceso de desarrollo infantil prenatal y postnatal.

Partiendo de la idea de que la conciencia, la capacidad de presenciar, es fundamental, suponemos que, en el caso de un feto humano, el primer sentido es simplemente la conciencia de ser, sin ningún otro sentido. En este nivel básico de desarrollo, es probable que la persona no tenga una narrativa mental, ni una voz interior, ni un sentido del yo específico. La sensación de ser no tiene límites porque la propiocepción, un sentido que indica dónde están los límites del cuerpo en relación con el espacio que lo rodea, aún no se ha desarrollado. Sin un sentido de las fronteras, uno se siente indefinido.

A medida que el sistema nervioso se desarrolla, las sensaciones de malestar estimulan el movimiento instintivo para evitar el dolor. Este movimiento instintivo perfecciona la conciencia cerebral del movimiento. Como resultado, el feto puede sentir todo el movimiento, el de su madre y el suyo propio, pero no puede diferenciar el origen del movimiento. Es probable que el feto solo tenga conciencia del ser, de la comodidad frente a la incomodidad y del movimiento frente a la quietud. Todavía no tiene la sensación de ser otro, aunque la conciencia de la incomodidad y el movimiento acabará por conducir a esa conciencia a través del desarrollo del sistema nervioso central y el cerebro.

Los sentidos básicos de la vista, el olfato, el gusto y el oído pasan entonces a formar parte de la experiencia del feto, de forma vaga al principio, pero cada vez más estimulante. A medida que estos sentidos se van desarrollando, también lo hace la sensación de que algunos sabores y olores son agradables mientras que otros son desagradables. La luz puede detectarse vagamente, de forma similar a como los adultos pueden detectar la luz y la oscuridad a través de los párpados cerrados. Algunos sonidos se sienten agradables, como las voces de los padres hablando, y otros desagradables, como el sonido de una discusión. Estos sentidos funcionan como si estuvieran en el fondo del sentido de ser.

A medida que el sistema nervioso y los sentidos siguen desarrollándose, el cerebro, que facilita el aumento de las funciones, desarrolla un mecanismo de filtrado para limitar los estímulos de modo que el feto no se vea abrumado por la abundancia de nueva información sensorial. A medida que el filtrado se perfecciona, la sensación de ser se atenúa para dejar espacio a los demás sentidos en desarrollo, que pasan al primer plano de la atención. El feto comienza a experimentar un vago sentido del yo y del otro.

El cerebro empieza a diferenciar el cuerpo en desarrollo del cuerpo de la madre, primero a través del movimiento instintivo y el tacto cinestésico. Por ejemplo, dentro del útero, el feto puede sentir la presión de su cuerpo contra la superficie del vientre. Esa sensación ayuda al cerebro a delimitar el territorio del propio cuerpo en contraposición a lo que no es su cuerpo.

Finalmente, se produce el nacimiento. Ahora que es un bebé, el cerebro se da cuenta poco a poco de que lo que no siente dentro de sí mismo no es el yo, sino el otro. Un ejemplo de esta experiencia puede ocurrir si te despiertas con lo que parece ser el brazo de un extraño sobre tu pecho, solo para darte cuenta, después de un breve susto, que en realidad es tu propio miembro entumecido. Al principio, el cerebro asume que lo que no puede sentir en su interior no forma parte de ti. Solo cuando la circulación restablece la sensibilidad del miembro, o si puedes calmarte lo suficiente como para pensar en ello por un momento, te das cuenta de que en realidad es tu propio brazo y no alguien que te ataca mientras duermes.

La gran variedad de estímulos que se encuentran fuera del útero permite que los sentidos y los filtros de información del cerebro se desarrollen aún más. Fuera del vientre materno, el bebé en crecimiento suele confiar en sus ojos para seguir marcando un sentido físico del yo. Por ejemplo, cuando las manos del bebé se mueven por primera vez de forma instintiva delante de sus ojos, deben parecer borrones irreconocibles, pero a medida que el sistema nervioso siente el movimiento, que coincide con los objetos borrosos que se mueven delante de los ojos, el bebé aprende a ver y reconocer las manos como parte de sí mismo que puede controlar. Esta es una fase bien conocida del desarrollo anatómico. Otras cosas empiezan a atraer la mirada e informar a la persona de sí misma y del otro. Por encima de la cuna, otros objetos borrosos pueden colgar del techo como entretenimiento. El cerebro, al querer experimentarlos, intenta ordenarles que se acerquen como hace con los brazos y las piernas. Pero, a diferencia de los brazos y las piernas, los objetos que cuelgan del techo no obedecen. El cerebro puede intentar sentir dentro de ellos como lo hace con el cuerpo, pero descubre con frustración que es incapaz de hacerlo. A través de repetidos intentos y fracasos, que recuerdan a un Jedi rechazado que intenta recuperar telequinéticamente un sable de luz, el cerebro traza inconscientemente el territorio del yo y del otro. Este proceso asociativo se vuelve cada vez más complejo a medida que el sistema nervioso se desarrolla a través de las interacciones con el cuerpo y el entorno.

A través de la diferenciación del yo y del otro, el cuerpo aprende instintivamente a navegar por el otro, lo que engendra una sensación de control a medida que "su" deseo guía cada vez más el movimiento, creando una sensación de elección. Los movimientos inconscientes del instinto, aunque siguen produciéndose, ya no son el único tipo de movimiento.

El sentido del yo se desarrolla aún más a medida que el niño experimenta un mayor control sobre su cuerpo y su entorno. Por ejemplo, el niño descubre que parece ser capaz de elegir algunas de sus experiencias, seleccionando lo que le gusta y evitando lo que no le gusta. También aprende a utilizar su voz para llamar a sus padres. Con el tiempo, el yo creciente aprende a refinar esas llamadas, lo que le da aún más control sobre el entorno y la experiencia.

Ahora un niño puede decir: "Yo soy yo".

A medida que los niños se desarrollan, se familiarizan con sus puntos fuertes y débiles, sus inclinaciones y su lugar en la sociedad. También desarrollan impresiones y opiniones sobre sí mismos, los demás y el mundo.

Sentimientos, pensamientos y palabras pululan por la mente para reforzar el sentido de uno mismo en desarrollo hasta que parece totalmente real. Sin embargo, puede persistir una sutil sensación de ser indiferenciado. Ese sentimiento es la fuente de la inocencia y el asombro que sienten los niños pequeños, una sensación que casi todos pierden al entrar en la pubertad.

Los primeros indicios de la voz seductora de la serpiente suelen aparecer en torno a los tres o cuatro años, cuando aprendemos a distorsionar el sentido de la realidad de las personas contando historias o mintiendo para obtener ventajas o para escapar de consecuencias como el castigo. La capacidad de contar historias es un requisito para el ensimismamiento, y los seres humanos somos narradores instintivos, es decir, nos cautivan las historias. Cuando llega la pubertad, la voz de la serpiente juzgadora nos habla con regularidad, juzgándonos a nosotros mismos, a los demás y al momento como bueno o malo.

A medida que el sentido del yo se desarrolla más, se modifica por la socialización y las experiencias con los padres, los vecinos, los amigos, la escuela, la etnia, la cultura, los talentos, la educación superior, los conocimientos, la carrera y la sociedad en general. El conocimiento de las fortalezas y debilidades personales se desarrolla a través de las interacciones con nuestro entorno y los numerosos juicios acumulados sobre nosotros mismos, los demás y el mundo que nos rodea. Los juicios empiezan a definir nuestra historia del yo.

En esta etapa de la vida, la persona se siente bastante capaz como ser humano, al menos en comparación con la infancia. Pero a través del proceso de desarrollo, pueden reconocer que se ha perdido algo importante: el simple sentido de ser. Ese sentido es la magia de la vida.

Así que, como puedes ver a través de los procesos de desarrollo pre y postnatal: tu vida comienza con una conciencia indiferenciada, luego se transforma en una inocencia infantil a través del desarrollo de los sentidos y las capacidades humanas básicas. A continuación, ese estado se personaliza más mediante el desarrollo de la conciencia de uno mismo y la socialización, hasta que uno queda completamente absorbido en la historia de su propia vida. A través de este proceso, la persona desarrolla una mayor funcionalidad y capacidad para desenvolverse en el mundo, pero pierde el contacto con el sentido innato de conexión con la vida. El desarrollo de la autoconciencia no es un error ni un pecado. La autoconciencia y la desarmonía que conlleva son partes necesarias de la maduración del Infinito encarnado a medida que avanza hacia la siguiente fase de la evolución, el despertar.

Intermedio

Hemos llegado a un punto crucial del libro. Antes de seguir adelante, quiero compartir la filosofía de enseñanza de mi instructor de artes marciales, Osaki Shizen, ya que creo que puede ser útil para los lectores ahora.

Cuando me entrené en las artes samurái con mi maestro, explicaba muy poco sobre los aspectos técnicos. Hacía demostraciones y hablaba de la forma de las técnicas, pero nunca explicaba los principios subyacentes. Si se le preguntaba, se limitaba a repetir lo que ya me había dicho.

En cuanto a su método de enseñanza, explicaba que quería que sus alumnos desarrollaran altos niveles de conciencia, y que si explicaba cómo hacer todo daría lugar a mentes embotadas, carentes de la conciencia necesaria para llevar las artes al siguiente nivel.

Durante años, me entrené de esta manera, sin saber realmente lo que estaba haciendo. Con el tiempo, me volví un poco más agudo y más capaz, así que me dio licencias de instructor en las cuatro artes que me había enseñado. En ese momento, me explicó su filosofía de enseñanza con más profundidad.

Su objetivo era que los alumnos desarrollaran una conciencia tan elevada durante su exploración de las artes que acabaran superando sus capacidades. El entrenamiento de esta manera permitiría que las artes se profundizaran con cada generación. Decía:

> *Si te explico mis teorías, es probable que sigas exactamente el enfoque que yo utilizo y, por lo tanto, no descubras nada nuevo. Creo en ti y pienso que puedes pasar al siguiente nivel. Cuando entrenes a tus alumnos, ten fe en su capacidad de superarte. De este modo, el arte seguirá prosperando.*

Me gustó bastante esta idea porque entendí que era el enfoque que utilizaba Einstein para aprender física. En lugar de seguir los métodos de sus profesores, como se animaba a hacer a los estudiantes de su época, Einstein se retó a sí mismo a demostrar teoremas difíciles a su manera. Sin duda, su dedicación al autodescubrimiento le ayudó a prepararse para formular su revolucionaria teoría de la relatividad.

Con la mentalidad del autodescubrimiento, me gustaría volver a llamar tu atención sobre el código. Después de leer las tres primeras partes, ¿crees que puedes verlo? ¿Puedes articularlo de forma concisa, de modo que otra persona pueda entenderlo? ¿Eres capaz de identificar *el principio* que revela el código y explicarlo de forma funcional? Si realmente has visto el código, deberías ser capaz de predecir con un alto grado de precisión cómo desbloquear las puertas metafóricas del Edén. Puedes dedicar unos minutos a intentar explicarlo por escrito o en voz alta para ti mismo.

Si tienes dificultades para articular el código o el *principio*, o crees que quedan lagunas en tu comprensión, considera la posibilidad de darte un tiempo para tantear el material con el objetivo de articular tanto el código como *el principio*. Al hacerlo, tal vez veas más allá de lo que he escrito hasta ahora. ¿No sería maravilloso? Por supuesto, si prefieres seguir leyendo sin reflexionar de esta manera, puedes hacerlo.

Para ayudar a clarificar el contenido de la tercera parte, en la página siguiente, también he incluido una canción reveladora que espero que disfrutes. Para obtener el mayor beneficio, recomiendo escuchar la canción mientras se lee la letra. Puedes escucharla gratis buscando en YouTube "The Brothers Reed Irish Hymn".

Himno Irlandés

Los Hermanos Reed

Me pediste que fuera y aquí estoy...
Un susurro indistinto sin siquiera una oportunidad...
Un instinto desea ser recordado pero no puede...
A pesar de todas las frustraciones, he hecho las paces con eso.

El diablo dijo "hey chico, bueno, ¿qué tienes?".
"No tengo bolsillos, solo agujeros en los calcetines".
Dijo "déjame decirte el secreto de la vida...
Un mordisco a mi manzana y te ayudaré a sobrevivir".

Oh Señor, por favor, estoy de rodillas
En un mundo de confusión con respuestas que buscar.
Hambriento y débil sin nada que perder,
Me gustaría que pasaras un día en mi lugar.

Vamos, tómame, estoy listo, lo estoy.
¿O solo eres un niño jugando en la arena?
Daré la bienvenida a las olas para que me traigan de vuelta...
y descansaré en el fondo en silencio.

Oh Señor, por favor, estoy de rodillas
En un mundo de confusión con respuestas que buscar.
Hambriento y débil sin nada que perder,
Me gustaría que pasaras un día en mi lugar.

Parte 4
El Libro de Dios

Uno de los principios centrales del judaísmo y el cristianismo es la comprensión de que Dios es completamente íntegro. Al ser completamente íntegro, Dios no proviene ni depende de nada más. Debido a su perfecta integridad, Dios es completo y, por lo tanto, inmutable.

Una idea común entre los cristianos es que el Infinito cambió las reglas al hacer una nueva promesa a la humanidad con la venida de Jesús. La creencia en una nueva promesa es una creencia falsa porque el Infinito, al ser entero y completo, no cambia. De hecho, no tenemos ninguna promesa del Infinito en absoluto, porque el Infinito no es manipulador ni coercitivo. Solo los ensimismados hacen tales tratos condicionales.

Muchos creyentes podrían preguntarse qué dice el párrafo anterior sobre la relación entre los seres humanos y el Infinito. Una forma de entender esa relación es ver al ser humano como el sueño del Infinito, no como algo que está fuera o por debajo de él. Dentro de la experiencia humana, uno generalmente no se da cuenta de la totalidad en la base de la existencia humana.

De vez en cuando han vivido entre nosotros individuos excepcionales que realizan su unidad fundacional. En el pasado, esas personas excepcionales eran consideradas avatares, maestros, profetas, etc. Dejemos de lado esos títulos, pues esas etiquetas no aportan claridad. Esas personas son como cualquier otra, salvo que, de alguna manera, mantuvieron el sentido de su naturaleza innata. Sospecho que ese sentido será pronto mucho más común entre los seres humanos.

Como sugerí en la primera parte, la conciencia es el terreno del que emerge el holograma de la "realidad". Como tal, es importante no darle la vuelta a esa relación conceptualmente: si pensamos en la conciencia como una parte o un aspecto de la realidad, eso distorsiona nuestra percepción de la conciencia. El error sería pensar en la conciencia como una cosa *dentro de la realidad*, cuando en realidad no es ninguna cosa. Para minimizar la tendencia de la mente a ver la conciencia de esa manera limitada, describiremos la conciencia a través de las posibilidades perceptivas.

La conciencia tiene dos posibilidades perceptivas primarias simultáneas. Primero, tenemos la perspectiva infinita, que, en adelante, llamaré "Conciencia Pura" o "Conciencia", con C mayúscula. Luego está la perspectiva finita, que llamaré "Mente Universal" o "Mente", con M mayúscula.

La Conciencia Pura, la base de toda la existencia, es totalmente inclusiva de todas las posibilidades. Como resultado de estar totalmente abierta en perspectiva, su conciencia no queda atrapada en los detalles de ninguna posibilidad o ser en particular. La Mente Universal, por otro lado, experimenta seres que parecen finitos. Como resultado de las experiencias aparentemente finitas, su conciencia tiende a quedar atrapada en los detalles. Lo finito, por definición, es temporal, tiene un fin, no dura. Sin embargo, tanto lo infinito como lo finito son perspectivas de un ser unificado.

Obtener una comprensión muy básica de estas dos perspectivas nos ayudará a entender mejor nuestras propias vidas y cómo podemos encontrar el equilibrio. En la Parte 4, exploraremos la naturaleza del Testigo a través de las perspectivas de la Conciencia y la Mente y las vincularemos a nuestra lectura de YHVH ELOHIM como se ve en el Génesis.

En el capítulo 13, exploraremos la misteriosa perspectiva infinita de la Conciencia Pura y la relacionaremos con el tetragrámaton (YHVH) basándonos en el significado hebreo de esa palabra y en la experiencia mística relevante detallada en el capítulo 2.

En el capítulo 14, analizaremos la enigmática perspectiva finita de lo que yo llamo Mente Universal (ELOHIM) y desarrollaremos la comprensión de que lo que pensamos que es la realidad es en verdad una agradable corriente de conciencia, una revelación incluso para el Testigo.

En el capítulo 15, exploraremos el misterio de lo que se denomina diversamente Espíritu Santo o Palabra de Dios, y revelaremos cómo se relaciona con la Conciencia Pura, la Mente Universal, el Universo y tú.

Y en el capítulo 16, analizaremos la perspectiva y el camino del individuo que está despertando a su naturaleza esencial. Cubriremos los muchos desafíos a lo largo del camino y consideraremos el esquema correctivo que el código y el *principio de no hay otro* proporcionan.

Nota: en los próximos capítulos, describo varios aspectos del Testigo (Dios), utilizando nueva terminología, como Conciencia Pura y Mente Universal. Estos nuevos términos, así como los dos anteriores, Infinito y Testigo, se refieren todos al mismo Ser Inconmensurable. He puesto en mayúsculas cada término para recordar al lector que indican diferentes aspectos o formas de ver la misma cosa.

Capítulo 13
La Conciencia Pura

Como se dijo en la introducción de la cuarta parte, el Infinito tiene dos perspectivas principales: La Conciencia Pura y la Mente Universal. Este capítulo examina la perspectiva de la Conciencia Pura, la base inmutable de la que surge todo cambio percibido.

Las personas que han experimentado la Conciencia Pura tienden a describirla como una sensación infinitamente más significativa que la realidad ordinaria. Es la sensación de estar completamente presente e inefable. Creo que la inefabilidad de la experiencia condujo a la creación del tetragrámaton, lo que podrías reconocer como יהוה (YHVH) en la biblia hebrea. En las biblias modernas este símbolo se traduce típicamente como "Señor". Las enseñanzas judías modernas afirman que YHVH es el nombre personal de ELOHIM (Dios).

Podemos fijarnos en el tetragrámaton YHVH para hacernos una idea de las características de YHVH, ya que los antiguos nombres judíos se centraban en describir las características de un individuo y su reputación.

Aunque podemos obtener algunas pistas sobre las características de la Divinidad a través del esquema de nombres, no podemos obtener la pronunciación de esa manera.

El problema para determinar la pronunciación correcta es que se cree que el hebreo antiguo es una lengua sagrada que no se hablaba en el pasado. La alternativa es que una vez fue una lengua hablada, pero el pueblo perdió la capacidad de hablarla hace miles de años. En cualquier caso, no podemos estar seguros de la pronunciación. Este giro se debió a que el pueblo judío no tuvo un país propio durante siglos. Al estar disperso entre diferentes culturas de Oriente Medio y Europa, el hebreo antiguo, si es que alguna vez fue una lengua hablada, se perdió cuando el pueblo judío empezó a hablar yiddish y ladino, lenguas comerciales que mezclan el hebreo y las lenguas de los países del norte de Europa y del Mediterráneo en los que vivían.

Aunque el hebreo escrito permaneció intacto, no podemos estar seguros de la pronunciación, porque el idioma hebreo no contiene vocales. Sin vocales, no es posible reconstruir con precisión la lengua hablada a partir del texto solamente. Para establecer una norma de pronunciación, los rabinos y escribas judíos consultaron posteriormente los registros griegos de las escrituras hebreas que contienen vocales. Por supuesto, no había forma de asegurar que la pronunciación griega de las escrituras judías reflejara con exactitud la antigua pronunciación judía, pero era la única opción. Por lo tanto, nadie sabe realmente la pronunciación hebrea original de YHVH.

Aunque es posible que nunca conozcamos la pronunciación hebrea original de YHVH, podemos hacernos una idea de las características de lo divino a través de los caracteres hebreos que componen el tetragrámaton. Esto es así porque el esquema de nomenclatura judía pretende reflejar las características de lo que se nombra, y este esquema de nomenclatura se aplicó al tetragrámaton. Dicho esto, las características indicadas por el tetragrámaton dan a cualquiera que entienda el hebreo la sensación de que el tetragrámaton no está realmente destinado a ser entendido intelectualmente.

Las letras del tetragrámaton están asociadas a la raíz hebrea de "existencia". Si lo traducimos al español, sería "ser". Estos significados reflejan la naturaleza siempre presente del Testigo. Los angloparlantes podrían asociarlo con la afirmación "I AM that I AM" (YO SOY el que SOY), en la historia de Moisés y la zarza ardiente.

En Éxodo 3:14, Moisés le pregunta a YHVH cómo debe responder a los israelitas cuando le preguntan qué Dios lo ha enviado a ellos. YHVH le respondió que debía decirles "YO SOY el que SOY", y que "YO SOY me ha enviado a ustedes". La afirmación conlleva un sentido de no comparación, como si no hubiera otro con el que comparar.

El punto clave aquí es que las palabras de raíz que componen YHVH son indicios de su naturaleza impersonal. Pensar que es el nombre personal de Dios es un profundo malentendido. YHVH no es un nombre, sino un indicio de lo inefable. También debemos tener en cuenta que ELOHIM tampoco es un nombre, sino un término generalizado para las deidades. Del mismo modo, nuestro "Dios" inglés es un sustituto de ELOHIM. Ni Dios ni ELOHIM fueron concebidos como nombres.

Para los judíos religiosos modernos, el nombre de Dios se considera demasiado sagrado para pronunciarlo y pronunciar el tetragrámaton (YHVH) es una blasfemia. Para evitar la blasfemia, suelen sustituir la palabra "Adonai", que significa "Señor", para evitar decir "Yahveh" o "Yehovah". Pero los rabinos ultraortodoxos consideran que Adonai es demasiado sagrado para decirlo, así que la práctica en sus comunidades es decir "Ha-Shem", que significa "El Nombre".

Considera la imagen que Adonai (Señor) evoca en la mente. Conjuga la imagen de un rey, ¿no es así? La imagen parece tangible y personal. Este ídolo mental no tiene ninguna semejanza con la realidad de YHVH.

Ha-Shem (El Nombre) es igualmente engañoso, pues supone que Dios es personal y tiene un nombre. Ambas ideas pueden actuar como falsos ídolos que apartan al individuo que las alberga de la experiencia directa de la Conciencia Pura.

Sustituir el tetragrámaton por Adonai o Ha-Shem es una larga tradición en el judaísmo, pero sospecho que la razón original de la sustitución se ha perdido. La razón más común para no pronunciar el nombre proviene de Deuteronomio 5:11, que es el tercero de los diez mandamientos: "No harás mal uso del nombre del Señor, tu Dios, porque el Señor no dará por inocente a quien haga mal uso de su nombre".

No creo que el tercer mandamiento haya conducido a la regla de no pronunciar el tetragrámaton porque prohibir el uso casual del nombre no significa lo mismo que no usarlo en absoluto. Sospecho que la incapacidad de transmitir efectivamente la experiencia de la Conciencia Pura ha llevado al uso dogmático de Adonai o Ha-Shem. Para aclarar lo que sospecho que es la razón original para no pronunciar el tetragrámaton, reflexionemos sobre la experiencia trascendente detallada en el capítulo 2.

Durante esa experiencia mística de la Conciencia Pura, cualquier intento por mi parte de definirla me parecía visceralmente equivocado. Y cualquier intento de pronunciar esas fórmulas me parecía aún más equivocado. El mero hecho de pensar en una definición me hizo sentir que el cosmos y mi propio cuerpo me hacían callar. Me quedé en un silencio cristalino.

Las experiencias de la Conciencia Pura pueden variar en intensidad. Cuanto más intensa es la experiencia, menos queda el sentido de un yo personal para filtrar y definir mentalmente la experiencia. Si la intensidad de la experiencia es tan grande que no parece existir ningún tú personal en la experiencia, habrá una revelación indecible sin pensamiento. En intensidades más bajas, el yo personal puede seguir estando ahí, consciente hasta un grado que parecería sugerir que podrías nombrar o definir el Infinito. Mi referencia a la Conciencia Pura en este capítulo denota experiencias de alta intensidad en las que el yo personal se ha vuelto delgado o inexistente.

Durante mi primera experiencia de la Conciencia Pura, mi yo personal parecía estar presente, pero más bien callado. La perspectiva personal persistente explica por qué me veía a mí mismo como separado de la Conciencia Pura, a pesar de que esta me transmitía que éramos uno y lo mismo. Volvamos a esa experiencia en el punto en el que intenté nombrarla o definirla, ya que el nombramiento es especialmente relevante para este capítulo.

Debido al deseo de transmitir la experiencia, me sentí obligado a encontrar algún término para nombrar el Infinito, sin utilizar la palabra "Dios", que evoca una imagen de un hombre viejo y barbudo en una nube para tantas personas. El hecho de que evite llamar "Dios" a la Conciencia Pura a veces ofende a la gente. Mi rechazo a este término está bien justificado y nunca pretende ofender a nadie. Simplemente creo que el término Dios está demasiado cargado de asociaciones inútiles como para ser útil hoy en día. Evitar el término Dios no ofende a la Conciencia Pura, ya que esta no está ensimismada.

En cuanto a los significados asociados, me parece que con frecuencia no hay dos personas que tengan asociaciones idénticas con palabras comunes, y mucho menos con la palabra más cargada del lenguaje humano: Dios. Incluso si nuestras definiciones mentales son las mismas, nuestros sentimientos detrás de esas definiciones pueden variar mucho.

Para facilitar la comunicación, intenté encontrar un término que describiera con precisión la totalidad de la Conciencia Pura. El mejor al que pude llegar fue el menos definido. Simplemente ES, sin calificativos, por lo que empecé a llamarlo de diversas maneras: Ser o Existir.

Varias décadas más tarde, cuando investigué el significado del tetragrámaton (YHVH), me sorprendió descubrir que incita a "Ser" o "Existir". Lamentablemente, para mí, esas palabras fallan. Porque el Infinito existe y está más allá de la existencia simultáneamente, por lo que ES transmite solo una verdad a medias. En verdad, la Conciencia Pura trasciende la medición y la definición. La mejor estrategia, me pareció, era utilizar las palabras menos cargadas de asociaciones y menos engañosas disponibles, aunque fueran, en el mejor de los casos, medias verdades. No parece haber una solución perfecta. Con esa pauta, Ser y Existir tendrán que servir, ya que son lo más cercano que podemos conseguir con el lenguaje.

Aprecié mucho el tetragrámaton cuando lo encontré por primera vez en mi investigación, por el significado que insinuaba, "Ser" o "Existir". Como la mente es incapaz de comprender plenamente esas palabras, vi claramente que el tetragrámaton nunca estuvo destinado a ser comprendido en su totalidad. Sentí que el tetragrámaton estaba en perfecta alineación con las mejores palabras que podía elegir, "Ser", y "Existir".

Con respecto al tetragrámaton (YHVH), es mejor no pensar en él como un nombre, sino como una referencia a algo que desafía los nombres o las descripciones precisas. Ninguna palabra podrá describir verdaderamente su naturaleza. Es sabio ser honesto acerca de las limitaciones de nuestras medidas, definiciones y comprensión, ya que incluso el Testigo no entiende. Considero que cualquier nombre aplicado a la Conciencia Pura le parece visceralmente inexacto a cada célula de mi cuerpo. Ese poderoso sentimiento de inexactitud es probablemente compartido por cualquiera que haya tenido la experiencia completa. Sospecho que esa sensación de error asociada al intento de definir la Conciencia Pura dio lugar tanto a la formación del tetragrámaton como a la posterior prohibición de pronunciarlo.

Imaginemos que un líder religioso experimenta directamente la Conciencia Pura y posteriormente dice a la gente que nombrar este fenómeno es visceralmente incorrecto. No nombrar la Conciencia Pura se convierte entonces en una regla dentro de la religión. Si la razón de la regla no está suficientemente explicada, por muy bien intencionada que sea, la regla tendrá el efecto contrario al que se pretendía.

El uso original del tetragrámaton indicaba que el Infinito no puede ser entendido o definido intelectualmente. De hecho, si mientras tienes la experiencia intentas nombrarla o definirla, la actividad mental estimula la desarmonía entre tu mente y tu cuerpo, lo que puede disminuir tu claridad de la experiencia o alejarte de ella por completo. Es útil recordar la directriz proporcionada por el Salmo 46:10: "Estén quietos, y sepan que Yo soy Dios".

La regla de no pronunciar a YHVH da pie a juzgar a uno mismo o a los demás, y eso crea una desarmonía innecesaria. Cuando juzgamos, nuestros corazones se cierran, y eso alimenta nuestra sensación de separación del Infinito. El efecto no intencionado de la prohibición de pronunciar esta palabra parece producir exactamente lo contrario de la intención detrás de la regla original, que presumiblemente era acercar a la gente al Infinito.

Una falsa creencia relacionada se centra en la idea de que el Infinito se pueda ofender. Esta creencia hace que las personas se sientan temerosas y nerviosas, lo que resulta en una sensación aún mayor de división del Infinito. La Conciencia Pura no es una perspectiva personal, por lo que no se ofende por nada. Cuando tenemos en cuenta toda la desarmonía que la regla provoca, parece preferible descartar la regla y admitir que el tetragrámaton no es un nombre.

Independientemente de la palabra que utilicemos para nombrar el Infinito, en general, lo más importante es recordar que no hay ningún otro real. La Conciencia Pura es nuestra naturaleza, la percibamos conscientemente o no. Volviendo al Salmo 46:10: "Estén quietos, y sepan que Yo soy Dios", cada vez que veas el tetragrámaton o cualquier palabra que indique el fundamento del ser, puedes hacer una pausa y quedarte en silencio durante unos segundos. Practicar de este modo es muy útil.

Si vas más allá, practicar el silencio consciente en tu vida diaria puede revelar un sentido del momento siempre presente que puede ser tremendamente transformador en tu vida. La clave es hacer una pausa para experimentar la presencia del momento y darte cuenta de lo que te impide entrar plenamente en esa experiencia. Si trabajas para corregir los bloqueos mientras practicas el silencio consciente, con el tiempo, la experiencia se vuelve más accesible. Finalmente, tu vida se convierte en la encarnación consciente de la presencia.

Una persona que experimenta la plenitud de la Conciencia Pura es probable que perciba una luz blanca pura o posiblemente dorada. Debido a que la perspectiva infinita lo incluye todo, nuestros cerebros probablemente la percibirán como blanca. Parece que la percepción cerebral de una luz dorada durante las experiencias de la Conciencia Pura proviene de la asociación natural entre lo dorado y la pureza absoluta. No creo que la Conciencia Pura tenga realmente un color específico, pero el blanco o el dorado es la forma en que la corteza visual probablemente la experimente. A nivel de sentimientos, debido a su total apertura, la experiencia de la Conciencia Pura sería una vibrante claridad presente, un amor envolvente, una aceptación total y una sensación de plenitud perfecta.

Aunque es bastante raro que un humano experimente la Conciencia Pura, los que lo hacen tienden a desear poder vivir allí eternamente. Cuando vuelven a la conciencia normal, muchos de estos individuos dedican el resto de su vida a intentar volver a ella, a comprenderla o a compartir caminos que ayuden a otros a experimentarla.

El prodigioso novelista ruso Fyodor Dostoevsky, que sufría de convulsiones, a menudo experimentaba lo que parece ser la Conciencia Pura justo antes del inicio de una convulsión intensa. Dostoievski escribió sobre sus convulsiones extáticas a través de uno de sus personajes, el príncipe Myshkin, en *El Idiota*: "Siento una completa armonía en mí mismo y en el mundo y este sentimiento es tan fuerte y dulce que por varios segundos de tal dicha uno daría diez años de su vida, de hecho, tal vez toda su vida".

Lo mismo sentí cuando experimenté la Conciencia Pura por primera vez. Si fuera posible embotellar la Conciencia Pura y regalarla, me habría pasado la vida en una planta embotelladora. Ahora me doy cuenta de que ese no es el camino. La mayoría de la gente, si supiera lo que tendría que sacrificar por la experiencia, no la bebería. Otros tacharían a los que la beben de drogadictos, y en poco tiempo habría leyes que lo prohibieran. La gente encuentra innumerables maneras de evitar la Conciencia Pura.

El punto clave a tener en cuenta es que no tenemos forma de entender intelectualmente la Conciencia Pura, pero podemos sentirla. Se puede experimentar. Y no importa cuántas veces te equivoques en tu vida, ayuda saber que no hay nada que puedas decir o hacer para ofender al Infinito, porque no te ve como algo separado de sí mismo.

Aquí tienes un ejercicio saludable que te recomiendo practicar durante unos minutos al día. Ponte cómodo y cierra los ojos. Imagina que por debajo o detrás de tu percepción del mundo una brillante luz blanca unifica a todos y a todo en un amor incondicional.

No pienses demasiado en este ejercicio. No te esfuerces en analizar o convertir esta práctica en una filosofía o ideología. En cambio, permítete ser inocente como un niño pequeño durante este ejercicio. Imagina que todo el Universo brilla con un amor cálido y envolvente. Imagina que tu cuerpo también está impregnado de esta luz. Deja de juzgarte a ti mismo, a tu cuerpo, a los demás (incluidos tus enemigos) y al Universo. Trata de sentir amor en la medida que puedas durante unos minutos cada día.

Con la práctica podrás hacerlo con los ojos abiertos, pero para muchas personas es más fácil empezar con los ojos cerrados. Puedes probarlo de las dos formas cada día para entrenar al cerebro a ser flexible.

Capítulo 14
La Mente Universal

En el capítulo 13, hablamos de la Conciencia Pura, o la perspectiva infinita del Testigo. En este capítulo, exploraremos el potencial de la Mente dentro del Testigo. La Mente del Testigo comparte muchas cualidades en común con la mente humana, que examinaremos más adelante. Para evitar confusiones sobre a qué mente me refiero, me referiré a la mente del Testigo como Mente Universal.

La Mente Universal es la perspectiva a través de la cual el Testigo proyecta los hologramas en forma de toro descritos en el capítulo 3. En este capítulo, ampliaré las experiencias místicas del capítulo 2 (El Infinito) y del capítulo 3 (El Rostro de Dios) para profundizar nuestra comprensión de la naturaleza de la Mente Universal.

Tal vez recuerdes del capítulo 3 (El Rostro de Dios) que me sentí confundido por el hecho de que el Infinito no viera ninguna diferencia entre yo y él. Yo, en cambio, no podía verme a mí mismo como si lo fuera. Me preguntaba cómo podía tener una identidad separada y no ser consciente de mi verdadera naturaleza, que es Infinita. Recibí la respuesta, pero no la comprendí hasta varias décadas después. Esto es lo que se me mostró y que no transmití en el capítulo 2 ni en el 3.

Al preguntar por el enigma, mi atención se dirigió a un pequeño espacio nublado que se parecía mucho a una nebulosa, un cúmulo de nubes interestelares iluminadas por la luz de las estrellas. Mi mente se acercó a esa formación nebular y vio su funcionamiento. Al acercarme más, pude ver que dentro de la Conciencia Pura está la posibilidad de la Mente Universal, o ese espacio nublado parecido a una nebulosa. La Mente Universal podría entenderse como el potencial de la Conciencia Pura para jugar consigo misma, al imaginarse a través de definiciones iguales y opuestas, una positiva y otra negativa, como describí en el capítulo 3.

La Mente Universal existe como una corriente de conciencia que proyecta espontáneamente ideas interdependientes y opuestas sobre su naturaleza. Para que te hagas una idea de lo que he visto, imagina lo que vemos de nuestra galaxia a través del telescopio Hubble: hay más estrellas que granos de arena en todas las playas de nuestro planeta. Y también sabemos que hay galaxias más allá de la Vía Láctea tan abundantes como las estrellas de nuestra galaxia. Vi universos igual de abundantes, naciendo y muriendo, naciendo y muriendo, sin cesar. Todo eso se me mostró en solo unos minutos.

La principal diferencia entre la Conciencia Pura y la Mente Universal, desde mi punto de vista, es que la Conciencia Pura está totalmente centrada y clara, mientras que la Mente Universal está, a falta de un término mejor, dedicada a su juego. La Mente Universal proyecta espontáneamente conceptos que explora. Cada proyección contiene las esencias tanto de la Mente Universal como de la Conciencia Pura. La Mente dentro de cada proyección explora su naturaleza, buscando juguetonamente comprenderse a sí misma. De este modo, cada proyección crea proyecciones descendientes que son extrapolaciones de su proyección madre. Con cada proyección descendiente, la Mente comienza a perder la pista de su base en la Conciencia Pura, lo que resulta en una falta de claridad, que causa la nubosidad tipo nebulosa que se me mostró.

La Conciencia Pura y la Mente Universal son experiencias maravillosas e inspiradoras. Ambas son verdaderamente inconmensurables, pero la Mente Universal, a medida que se extrapola con cada generación, pierde progresivamente la conciencia de su naturaleza inconmensurable y disfruta jugando con lo que parece medible. Con el progresivo desvanecimiento de la conciencia contextual, se expand el deseo de definir lo indefinible y medir lo inconmensurable.

Los dos potenciales o aspectos del Testigo, la Conciencia Pura y la Mente Universal, se corresponden con los modos de visión de nuestros ojos. La visión periférica abarca todo el campo visual para ver el panorama general, pero no es buena para ver los detalles finos. La visión foveal está enfocada y es capaz de ver en detalle, pero carece de conciencia contextual. La Conciencia Pura tiene conciencia periférica, lo que significa que ve todo el potencial. La Mente Universal, por otro lado, pierde esa conciencia periférica a medida que se involucra más en el juego de posibilidades específicas.

La Mente Universal, en relación con la luz brillante de la Conciencia Pura, es oscura. La naturaleza de la Mente Universal es proyectar especulaciones sobre sí misma. La autodefinición nubla a la Mente Universal, conduciendo a más proyecciones de su naturaleza.

La Mente Universal es un sistema de movimiento perpetuo, completamente contenido y de gran eficiencia energética. A través de sus muchas capas de proyecciones, la Mente Universal se pierde en la autodefinición, al igual que tú tiendes a hacerlo en tus sueños. El resultado es un bucle perpetuamente recurrente, el toro.

Al leer esto, podrías pensar que la experiencia de la Mente Universal es desagradable, pero es todo lo contrario. La Mente Universal es un estado orgásmico de autoexploración inocente. El Testigo se divierte. Y desde su perspectiva, todo es muy, muy bueno.

La Mente Universal es la memoria, y la memoria es la percepción del tiempo. El tiempo es la historia de la vida. La Conciencia Pura no se identifica con la historia de la vida, lo que significa que no está limitada por el tiempo. La Conciencia Pura es el momento eterno.

En resumen, la Mente Universal proyecta una corriente espontánea de especulaciones opuestas e interdependientes de su naturaleza. Siempre son dualistas porque las proyecciones no pueden ser percibidas sin proyecciones iguales y opuestas. De la tensión entre las dos fuerzas opuestas se genera un toro. La Mente Universal experimenta un sueño de la realidad cuando explora las proyecciones de su naturaleza.

Todos los hologramas de la Mente Universal (lo que percibimos como realidad) contienen tres fuerzas comunes. La primera es el aparente deseo de explorar la naturaleza del yo. La segunda es la inestabilidad y la excitación que provoca este deseo. La tercera es la compulsión por encontrar el equilibrio dentro de un sistema siempre cambiante. Estas tres fuerzas estimulan un juego universal de sillas musicales, en el que las proyecciones dentro de la Mente Universal siguen buscando la autocomprensión pero nunca la encuentran porque la verdad del momento siempre presente nunca puede ser comprendida del todo. La Mente Universal sigue jugando alegremente.

A través de infinitas generaciones de extrapolación, la Mente Universal experimenta detalles vívidos. A medida que los detalles se vuelven cada vez más vívidos, expandidos y aparentemente personales, la Mente Universal tiende a quedar atrapada en sus sueños, creyendo que son sus proyecciones. La experiencia de un ser humano representa el estado mental capturado. Cuando es absorbida de esta manera, la Mente Universal cree que es una persona (una mente con "m" minúscula) que está de alguna manera separada de todo lo demás.

La proyección lúdica de los opuestos alimenta la generación de aún más generaciones de exploración dentro de la mente de un ser humano. Si no fuera por estas proyecciones de tu mente, no podrías ver, no podrías moverte, no podrías funcionar de ninguna manera dentro del holograma que consideramos como realidad. Tus pensamientos son proyecciones duales interdependientes que pintan un mapa más o menos funcional de tu realidad sensorial accesible. Tú eres la imagen y semejanza del Testigo. No hay otro.

La experiencia de la Mente Universal no se vuelve desagradable hasta que explora la autoconciencia a través de formas de vida como los seres humanos. Dado que los seres humanos son la encarnación del Testigo, podríamos recordar que mientras persista el deseo de identificar y creer en nuestras definiciones del yo, nuestra mente no tiene elección: define, contrasta y se pierde. Perderse puede ser muy divertido, pero también puede conducir a un sufrimiento compulsivo que da vueltas en círculos tratando de definir y controlar lo que está más allá de la definición y el control. Un ejercicio saludable que puedes aplicar activamente a lo largo del día es notar cada vez que te etiquetes como si fueras esto o aquello. Las etiquetas más obvias son las que te etiquetan como "bueno" o "malo". Pero cualquier etiqueta con la que te identifiques realmente, como tu puesto de trabajo, tu posición social o económica, tu valía, etc., merece atención. Igualmente importante es observar la resistencia a cualquier etiqueta con la que te identifiques fuertemente, como "no soy un mentiroso" o "no soy tacaño". Mantener este tipo de etiquetas puede ser muy limitante e impedir una mejora saludable de la vida.

También podrías tomar nota de las veces que etiquetas a los demás. Es muy fácil hacerlo. Cuando creemos que los demás son las etiquetas que les hemos puesto psíquicamente, se hace muy difícil que esas personas se liberen sin romper la relación. Libéralos abandonando esas etiquetas. En tu corazón, puedes descartar incluso las etiquetas que se aplican a sí mismos.

El objetivo de este ejercicio es ir contactando con tu naturaleza esencial e indefinida poco a poco a lo largo del día. Cuando notes que surge una etiqueta en tu mente, toma nota de ella y recuérdate que en esencia *no* eres *nada* en particular. Permítete un momento para sentir lo que es ser sin ningún pensamiento. Incluso unos segundos aquí y allá ayudan.

Por supuesto, si sigues disfrutando de tu juego de autodefinición, podrías seguir jugando. Si prefieres otro camino, puedes empezar a practicar la no etiquetación. Elijas lo que elijas, todo está bien.

Capítulo 15
El Espíritu Santo

En los capítulos 13 y 14, decodificamos los significados de YHVH y ELOHIM con el mayor detalle posible. Debido a su naturaleza inconmensurable, cualquier descripción puede ser, en el mejor de los casos, solo una verdad a medias. Dicho esto, incluso una verdad a medias, siempre que seamos conscientes de que es una verdad a medias, puede ser suficiente para provocar una poderosa transformación en nuestras vidas y abrirnos a una mayor experiencia de unidad. Para ir más lejos en nuestra comprensión, necesitamos descifrar otra perspectiva del Testigo, el Espíritu Santo.

El Espíritu Santo, también conocido como el "espíritu de ELOHIM" aparece por primera vez en la apertura del Génesis 1. Para conectar con este sentido del Espíritu Santo, ayuda ver el Génesis 1 como una explicación alegórica antropomorfizada del proceso de sueño de ELOHIM a través de las fuerzas opuestas interdependientes de la existencia, la no existencia, la oscuridad y la luz, el día y la noche.

(Bere'sheet)

1 *Al* principio[f2] de crear ELOHIM los cielos y la tierra[3] —**2** y la tierra estaba[4] desolada y vacía; y las tinieblas *estaban* sobre la faz[P] *del* abismo, y el espíritu[5] de ELOHIM se cernía[6] sobre la faz de las aguas—**3** y ELOHIM dijo: "Sea la luz"; y fue la luz. **4** Y ELOHIM vio la luz, que *era* buena; y ELOHIM separó entre la luz y entre las tinieblas. **5** Y ELOHIM llamó a la luz "día", y a las tinieblas las llamó "noche". Y fue la tarde y la mañana el primer día.

Inicialmente, al "crear" los cielos y la tierra, hay desolación, vacío y oscuridad en las profundidades. Estas descripciones representan el espacio vacío del que surge el sueño de la "realidad objetiva". El cielo y la tierra representan el inicio del proceso de ensoñación, donde surge una yuxtaposición mental entre el "cielo" y la "tierra".

Este capítulo explica el misterio del Espíritu Santo de tres maneras: conectándolo con el concepto de la Palabra de Dios ("Logos") tal y como se menciona en Juan 1:1, tal y como se me mostró en la experiencia mística, y tal y como se relaciona con los descubrimientos científicos actuales del universo. Veamos primero Juan 1:1.

---

[2] Lit "A *la cabeza* de", Heb *Bere'sheet* en esta construcción gramatical es una frase temporal que significa, "Cuando al principio...", ver Jer 26:1 donde ocurre la misma forma. Hace referencia al "estado de cosas" cuando comienza la actividad creadora.

[3] ELOHIM es un sustantivo plural, pero a menudo funciona como un singular colectivo, tomando un verbo singular. Está relacionado con lostérminos hebreos *'eloah* y *'el*, que significan Dios, dios, poder o poderoso,y puede referirse a jueces y líderes, a seres celestiales, a los dioses de lasnaciones o al único Dios de Israel.

[4] O "se volvió".

[5] El término hebreo *ruach*, literal "viento", ver Gen 7:1.

[6] Es decir, "revolotear" o "sacudir", véanse Dt 32:11 y Jer 23:9, los otrosdos únicos lugares en los que se utiliza este verbo, siempre en forma intensiva (Piel).

> 1 En el principio era el Verbo, y el Verbo estaba con Dios, y el Verbo era Dios. 2 Él estaba con Dios en el principio. 3 Por medio de él se hicieron todas las cosas; sin él no se hizo nada de lo que se ha hecho. 4 En él estaba la vida, y esa vida era la luz de toda la humanidad. 5 La luz brilla en las tinieblas, y las tinieblas no la han vencido.

Cuando recibí la visión que cariñosamente llamo "El Rostro de Dios" (Capítulo 3), me quedé atónito ante la positividad inimaginablemente pura que parecía vibrar desde el Testigo mientras proyectaba las polaridades de las posibilidades que son los tori que percibimos como realidad. Notarás que en la introducción de Génesis 1, dice "el espíritu de ELOHIM se cernía sobre la faz de las aguas". Si miras la nota del Dr. Tabor para el término "cernir", verás que los significados alternativos de cernir son revolotear o sacudir. Este revoloteo o sacudida es una vibración sobre la faz del toro.

La mejor manera en que puedo describir esa vibración es como una canción de amorosa alabanza eterna que se extendía desde el centro como anillos concéntricos interminables que se movían a lo largo de la superficie del toro como un gran viento sobre un campo de hierba alta. Al ser testigo de este fenómeno, comprendí que la esencia del *Espíritu Santo* y la *Palabra de Dios eran* una misma cosa. Juan 1:1 comienza con "En el principio era el Verbo, y el Verbo estaba con Dios, y el Verbo era Dios".

Analicemos más a fondo esas palabras, que comienzan con la referencia a *bere'sheet*, la cual es una palabra hebrea que se traduce comúnmente como "En el principio". Bere'sheet es el título del primer libro de la Biblia hebrea y está escrito en la apertura de la primera frase de la Biblia hebrea. Esta repetición alude a su importancia.

Bere'sheet es el Alfa y la Omega, el principio y el fin. Como título, Bere'sheet se traduce en español como "Génesis". Claramente, la palabra bere'sheet es fundamental para obtener una comprensión funcional no solo de este capítulo, sino de Génesis 1-3, de la realidad y de nuestra propia naturaleza, al menos en el grado en que cualquiera de estas cosas pueda ser comprendida.

Si tienes una comprensión suficientemente profunda del significado intemporal de bere'sheet, reconocerás rápidamente las áreas de La Santa Biblia que se desvían, al igual que verás rápidamente las áreas dentro de ti mismo y de tu vida que se desvían.

Bere'sheet se compone de dos palabras hebreas, *Bet* (ב) y Roshe *(ראש)*. La combinación tiene una serie de significados posibles, que potencialmente permiten a nuestras mentes seleccionar significados que no están alineados con el principio. *Bet* es una preposición general que puede significar "en", "con", "entre", "durante", "por", etc. La raíz de la palabra Roshe está formada por las letras hebreas Resh, Alef y Shin. Roshe, tal como se usa comúnmente, significa *principio* o *cabeza*. Cuando consultamos el Léxico y la Concordancia Strong, la fuente de referencia para la investigación del hebreo bíblico, encontramos la siguiente información:

> rô' sh, roshe; de una raíz no utilizada que aparentemente significa sacudir; la cabeza (como sacudida), ya sea literal o en forma figurada (en muchas aplicaciones, de lugar, tiempo, rango, etc.):-banda, principio, capitán, jefe (lugar, hombre, cosas), compañía, fin, × cada (hombre), excelente, primero, vanguardia, (ser/estar) cabeza, altura, (en) alto (parte más alta, (sacerdote)), × cabeza, × pobre, principal, gobernante, suma, cima.
>
> https://www.blueletterbible.org/lexicon/h7218/kjv/wlc/0-1/

Como puedes ver, el hebreo es una lengua compleja en la que una palabra raíz puede tener muchos significados relacionados. Esta complejidad hace que sea fácil malinterpretar un significado. Para limitar al máximo los malentendidos, utilizaré tres guías para acorralarlos: las definiciones hebreas reales según el Léxico y la Concordancia Strong, las experiencias místicas del Infinito y los hallazgos científicos relevantes.

Como el Génesis, hasta la fecha, se ha interpretado a través de la lente del tiempo, "En el principio" es la traducción tradicional. Si eliminamos el tiempo de la ecuación, debemos considerar otros posibles significados para determinar cuál, si es que hay alguno, encaja con el código.

Muchos lectores podrían pensar que "el más alto" funcionaría, pero no es así porque *el más alto* es una afirmación comparativa que no encaja con "no hay otro". Recuerda que se necesitan dos cosas para hacer una comparación. Etiquetar el Infinito como lo "más alto" es juzgar todo lo demás como inferior a él, que es la perspectiva errónea de Adán y Eva en Génesis 3.

Nuestra mente tiende a pensar que el Infinito está por encima de nosotros, precisamente porque nos hemos juzgado a nosotros mismos como impíos, al igual que Adán y Eva. Para no caer en esta trampa, mantengamos como guía la perspectiva del Testigo: todo es uno, todo es bueno, todo es Dios.

Ahora que hemos descartado "el más alto", vamos a ver otras posibles traducciones para ver cuál puede funcionar. Afortunadamente, el código nos da pautas claras para nuestra selección. Dado que nos referimos a la perspectiva de la Conciencia Pura no dual, que está libre de tiempo, lugar o rango, debemos eliminar todos los significados comparativos.

Esta simple aclaración descarta todos los significados excepto *"sacudir"* y *"cabeza"*. Si pensamos en *cabeza* como *fuente*, como *nacimiento*, funciona. *Sacudir* también encaja con la primera frase en la que se dice que ELOHIM se cierne o revolotea sobre la faz de las aguas. Si observas la nota del Dr. Tabor para el término bere'sheet, verás lo siguiente:

> Literal "A la cabeza de", el término hebreo Bere'sheet en esta construcción gramatical es una frase temporal que significa, "Cuando al principio...", ver Jer 26:1 donde ocurre la misma forma. Hace referencia al "estado de cosas" cuando comienza la actividad creadora.

En lugar de una afirmación temporal, que es la visión tradicional, veamos "el estado de las cosas" como una referencia atemporal. Visto así, funciona. En cualquier caso, tal y como se utilizan bere'sheet y génesis, se transmite claramente la fuente vibratoria. Sacudir es vibrar. Esa vibración es el eterno "canto" de alabanza que he mencionado antes.

Si traducimos *Bet* como "en" y *Roshe* como "la cabeza que se sacude", obtenemos como resultado "En la cabeza que se sacude", lo que podemos ver en sentido figurado como la fuente de la existencia que siempre se sacude o vibra. Si sustituimos estos significados, la apertura de Génesis 1:1-2 quedaría así "En la fuente <u>que vibra</u> de ELOHIM creando los cielos y la tierra, y la tierra estaba desolada y vacía; y las tinieblas *estaban* sobre *la* faz *del* abismo, y el espíritu de ELOHIM <u>vibraba</u> sobre la faz de las aguas".

Como ya hemos hablado de la etimología de bere'sheet y de las experiencias místicas relevantes, vamos a dirigir nuestra atención a la ciencia. Según lo que la ciencia ha revelado, el Universo es un campo vibratorio de energía que se remonta al Big Bang. La energía vibra. La luz vibra. El sonido vibra. Los átomos vibran. Incluso las ondas cerebrales que correlacionamos con los estados de conciencia vibran. Las estrellas y los planetas suenan con vibraciones.

Para que te hagas una idea de las vibraciones cósmicas, puedes hacer una búsqueda en Internet de "Sinfonía de Estrellas: La Ciencia de las Ondas Sonoras Estelares | NASA". Allí podrás disfrutar escuchando cómo vibra el Universo. Es asombroso.

Como puedes ver, "En la fuente que vibra" coincide con las tres guías establecidas anteriormente: los caracteres hebreos originales, la experiencia mística y la ciencia. Los antiguos sabios comprendieron y la ciencia verifica ahora que todo vibra y resuena, incluso el espacio exterior. Esta vibración es la alabanza amorosa del Testigo, o dicho de otro modo, del Espíritu Santo. La vibración se desplaza desde el centro del toro como un gran viento que sopla sobre la hierba mientras vibra en el sueño de la realidad. Los cristianos piensan que la "Palabra de Dios" de Juan se refiere a Jesús de Nazaret, al que llaman "Cristo, el ungido por Dios". Aunque ese puede ser o no el caso, el significado de la Palabra de Dios es mucho más amplio y puede verse de otra manera que puede ser más reveladora y útil para todos, incluso para aquellas personas que no se identifican con el cristianismo.

La Palabra de Dios es el Espíritu de Dios que llena el Universo de vida. Es, en esencia, la Conciencia dentro de la Mente, que es otra forma de decir que la Palabra de Dios es la vibración de YHVH ELOHIM.

> "En él estaba la vida, y esa vida era la luz de toda la humanidad. La luz brilla en las tinieblas, y las tinieblas no la han vencido" (Juan 1:4-5).

La oscuridad es la Mente. La Luz ilumina la Mente. La génesis de la "realidad objetiva" es la Mente dentro de la Conciencia y la Conciencia dentro de la Mente: el caos dentro del orden y el orden dentro del caos. Es la Ley. Es la Vida.

Los seres humanos pueden tener experiencias vinculadas al Espíritu Santo, y cuando "recae sobre ti", como lo describen a menudo los Evangelios, la experiencia puede tener efectos dramáticos en el cuerpo y la mente. En el capítulo 1 describí este efecto de la siguiente manera: "El sueño era exactamente igual que siempre, pero inesperadamente, en el instante en que siempre me despertaba, el momento en que Jesús pide ayuda por segunda vez, una oleada de energía llenó mi cuerpo, anclándome en el sueño".

Esa oleada de energía es la experiencia del Espíritu Santo. Se siente como si la luz soplara dentro de ti. Buscando el significado hebreo del "espíritu de Dios" se revela lo siguiente: Ruach (רוּחַ) significa "viento", "espíritu" o "aliento". ELOHIM puede significar "grande" o "dios". Así que Ruach ELOHIM (el espíritu de Dios) también puede ser interpretado como "el viento de Dios" o "el aliento de Dios".

Notarás que el proceso creativo en Génesis 2 se realiza a través del aliento de Dios. Como recordatorio, el pasaje es el siguiente: "YHVH ELOHIM dio forma a la criatura terrestre del polvo de la tierra, y sopló en sus dos narices aliento de vida; y la criatura terrestre se convirtió en un ser viviente".

Estar lleno del Espíritu Santo tiende a tener una serie de efectos poderosos en el individuo. Uno de los posibles efectos es que uno se siente poderosamente anclado, de tal manera que si se está de pie en ese momento, se puede sentir como si los pies estuvieran soldados al suelo, o la energía puede mover el cuerpo para hacer algo en particular. Otro efecto común es sentir que se está lleno de una luz interior brillante. Esta luz proporciona una claridad que supera con creces las ideas normales de claridad mental o emocional. Por último, la sensación de estar lleno del Espíritu Santo a menudo provoca poderosas experiencias místicas, reveladoras o perspicaces. Cualquiera que sea la experiencia que acompañe el estar lleno del Espíritu Santo, es mejor no dejarse sentir especial por ellas. Aprende de ellas y déjalas ir, de lo contrario quedarás atrapado por la arrogancia.

Alguien que no haya tenido tales experiencias puede suponer que indican un trastorno psiquiátrico. Sin embargo, los trastornos psiquiátricos son profundamente diferentes de las experiencias del Espíritu Santo. La experiencia del Espíritu Santo produce claridad, mayor funcionalidad y resultados saludables, mientras que los trastornos psiquiátricos suelen tener el efecto contrario.

Aunque al principio resulte paradójico, es útil ser consciente de que el Espíritu Santo reside siempre en nuestro interior, aunque normalmente permanecemos inconscientes de ello. Cuando se revela, puede parecer que es externo a ti, pero eso no es lo que ocurre en realidad. Solo parece algo ajeno a ti porque, cuando inunda el cuerpo, lo desconoces por complete. Cuando el Espíritu Santo se expresa lo suficiente en el cuerpo, lo que significa que la sensación de que eres una identidad separada se desvanece, hay una claridad vibrante, una plenitud y la comprensión de que en el fondo siempre has sido uno con el Espíritu Santo.

La pregunta que probablemente tengas después de que la experiencia del Espíritu Santo termine es cómo recuperarla. Discutiremos esta cuestión en el próximo capítulo. La clave de este capítulo es que la Conciencia Pura, la Mente Universal y el Espíritu Santo son trinos en su esencia, o tres aspectos de la misma cosa. Este ser trino es: tú, yo, el Universo entero y más allá. No hay ningún otro.

He aquí una práctica básica que aprovecha otro significado de Logos, que es "palabras verdaderas". Gran parte de nuestra desarmonía interior surge simplemente como resultado de ser deshonestos con nosotros mismos y con los demás. Practicar el logos significa ajustar nuestras palabras y pensamientos para que estemos más alineados y seamos más verdaderos en nuestros corazones.

Para ser justos, parece mucho más fácil saber cuándo no estamos siendo verdaderos que cuándo lo estamos siendo, porque la verdad puede ser difícil de precisar. Así pues, con este ejercicio, fíjate en cualquier pensamiento y lenguaje que utilices que no se ajuste a cómo pensarías y hablarías si realmente amaras, confiaras y apoyaras la plenitud de tu ser.

A continuación, se presenta una breve lista de pensamientos y expresiones que nos alejan de la expresión más plena de nuestra verdadera naturaleza:

Asumir las motivaciones	Lloriqueo
Autodesprecio (habitual)	Ignorancia voluntaria
Autoenaltecimiento	Incumplimiento de la palabra dada
Autovictimización	Malevolencia
Adulación	Manipulación emocional
Búsqueda de atención	Mentiras piadosas innecesarias
Búsqueda de la aprobación	Minimizar la responsabilidad
Certeza	Negligencia
Condena	Odio
Cotilleo	Promesas casuales
Dominación	Posicionamiento social
Engaño	Racionalizar los deseos
Evitar la responsabilidad	Reclamación ineficaz
Fisgoneo	Resentimiento
Idealizar	Retrasos (habituales)
Identificarse con la ideología	Síes cobardes
Jactancia	Te lo dije

Capítulo 16
Tú

"La llegada del reino de Dios no es algo que se pueda observar, ni la gente dirá: "Aquí está" o "Allí está", porque el reino de Dios está en medio de nosotros".

—Jesús (Lucas 17:20-21)

Si has desarrollado suficientemente los "ojos para ver", notarás varias pistas sobre la naturaleza del reino de Dios ocultas en la cita anterior. El reino de Dios, también llamado reino de los cielos, es el paraíso metafórico descrito como el Jardín del Edén en Génesis 2.

En hebreo, "Edén" es el nombre de un lugar o región y significa "placer" o "dicha". El jardín del Edén en hebreo se llama "Gan Eden". Como Jesús era judío y se dirigía a otros judíos, Gan Eden es lo que Jesús habría querido decir con el reino de Dios. Por favor, considera la cita anterior de Lucas por un momento antes de seguir leyendo para explorar sus significados ocultos.

Fíjate en que Jesús se refiere al reino de Dios como algo que viene y que está en medio de la gente simultáneamente. ¿Cómo puede venir y estar en medio de ellos al mismo tiempo?

El "reino venidero de Dios" se refiere al potencial de las personas para abrirse al Edén en su interior. Pero eso no es todo lo que significa, porque el reino que existe dentro también puede referirse al propio Jesús, o a cualquiera de los presentes que fuera un ejemplo vivo de un corazón totalmente abierto. El mensaje oculto es que el reino de Dios, el Edén, está dentro y alrededor. Para experimentarlo, todo lo que se requiere es abrir el corazón a la totalidad de la vida. Pero para ello, primero debes abrirte totalmente a ti mismo, y eso significa abrir tu corazón totalmente a la serpiente que llevas dentro.

La serpiente dentro del jardín no es un error, ni es mala. La serpiente es la autoconciencia, una capacidad sin la que los simios desnudos no podríamos sobrevivir. El árbol del conocimiento del bien y del mal representa el conocimiento, la identidad, la lógica, la razón y el juicio moral. El árbol de la vida representa el estado de equilibrio despierto, en el que uno tiene la capacidad de identidad, lógica, razón y discernimiento, pero ya no está capturado por esas fuerzas.

El reino de los cielos se nos revela cuando hay un equilibrio de la Mente Universal y la Conciencia Pura dentro del ser humano, donde el instinto, la percepción detallada y una conciencia contextual fundamentada se apoyan mutuamente. Entonces estamos despiertos.

La observación de Jesús de que el reino de los cielos existe dentro de nosotros tiene tres significados relacionados. Primero, que está llegando, lo que indica el potencial de realización futura.

Segundo, que el reino de Dios está aquí, a través de Jesús conscientemente. Y, en tercer lugar, que el reino está aquí a través de cada individuo inconscientemente. El Jardín del Edén siempre ha estado dentro de nosotros y siempre estará ahí. La experiencia sentida del Edén está llegando a aquellos que están despertando a ese hecho a través de su vida diaria.

Teniendo en cuenta nuestro potencial para la armonía en la vida, tracemos el proceso completo del Testigo, a medida que olvida su naturaleza holística, experimenta el sueño de sí mismo como ser humano, y se vuelve lúcidamente consciente de su verdadera naturaleza dentro de la experiencia del ser humano.

Para transmitir el aspecto humano de esta historia, tendré que explicarlo a través de la perspectiva del tiempo. Por favor, acepta que no hay otra forma de transmitir este proceso, ya que el tiempo es la forma en que los humanos experimentan la vida. Ten en cuenta que todo lo que se describe es en realidad atemporal desde la perspectiva del Infinito.

Desde su perspectiva abierta, la Conciencia Pura ve todas las posibilidades y reconoce, frente a todas las formas y expresiones posibles, que no hay otra. La Conciencia Pura es testigo de toda la potencialidad simultáneamente. Como resultado de la visión total, no queda atrapada en ninguna perspectiva particular.

Debido a su conciencia omnipresente, puede compararse con una luz blanca brillante. Cuando un humano experimenta la perspectiva holística de la Conciencia Pura, siente una belleza y un amor más allá de la imaginación. Las palabras no pueden acercarse a la experiencia. Estos individuos probablemente recordarán la experiencia de la Conciencia Pura como una de las más (o como la más) significativas de sus vidas, y muchos de ellos comenzarán a dedicar sus vidas a compartir esa perspectiva.

La Mente Universal representa el potencial del Infinito para limitar su atención a un conjunto específico de posibilidades, a una identidad específica, por ejemplo. Al igual que cerrar los ojos tiene el efecto de bloquear la luz, la experiencia es de oscuridad. Cuando la Mente Universal estrecha su atención de esta manera, la oscuridad desencadena un estado onírico que experimentamos como realidad. A través de su búsqueda, la Mente Universal proyecta ideas opuestas de sí misma, tanto positivas como negativas. Las fuerzas duales del orden y el caos se combinan para crear el holograma de la realidad, el sueño de la vida, el sueño de ti.

A medida que el Testigo estrecha su conciencia mediante extrapolaciones progresivas sobre los potenciales proyectados, pierde cada vez más la pista de su naturaleza unificada o no dual. Al no saber, busca naturalmente identificarse, de la misma manera que las personas buscan encontrar y mantener su identidad.

Esencialmente, la Mente Universal se pierde en un sueño de opuestos duales que toma la forma energética de un toro. La tierra emite este toro, al igual que todos los centros nerviosos de tu cuerpo, sobre todo el cerebro, el corazón y el intestino. Cada célula tiene un campo magnético, un toro. Tú eres el Testigo que sueña y se ve a sí mismo como persona. Eres la encarnación del Infinito habiendo olvidado tu naturaleza Infinita.

El Testigo, al haber estrechado su atención, ha olvidado su naturaleza holística. Cuando nace en el mundo como humano, el Testigo se encarna en un estado de inocencia como el que experimentaron Adán y Eva en el Génesis 2. Esta inocencia permanece hasta que el cuerpo humano madura a través de los sentidos y desarrolla suficientemente el sentido de la autoconciencia. La autoconciencia lleva a medidas de autoprotección y a un cierre del corazón en un estado de ensimismamiento casi constante. Puede que recuerdes este estado de tu adolescencia.

A través de la socialización, el niño aprende a controlar su ensimismamiento lo suficiente como para experimentar relaciones generalmente productivas en la sociedad. Pero, independientemente de su grado de éxito en el mundo, el individuo se siente de alguna manera incompleto y nunca se siente totalmente cómodo en su propia piel. Este estado se corresponde con la duda y la rebeldía de Adán y Eva en el Génesis 3.

En esta etapa de desarrollo, el ser humano experimenta una insatisfacción interna casi constante de bajo grado. Tiende a sentirse que no se le ve ni se le escucha de verdad, aunque en realidad puede temer que se le vea y se le escuche de verdad. Sienten desconfianza hacia sí mismos y hacia los demás.

Estos sentimientos provienen de una pérdida de conciencia contextual que engendra un sentimiento de separación de la vida. Este estrecho estado de conciencia puede expresarse también en el sentimiento de estar desechado y de no ser digno de amor, fundamentalmente, sentirse solo. Conscientemente podemos sentir dudas sobre nosotros mismos, o podemos sentirnos arrogantes. También es posible que expresemos esas cosas, pero seamos totalmente inconscientes de esas expresiones. Que expresemos la duda o la arrogancia depende en gran medida de nuestro tipo de personalidad. En cualquier caso, ambas expresiones señalan una profunda inseguridad.

La estrategia más común para el individuo es buscar la distracción de estos sentimientos subyacentes a través de una miríada de medios: el sueño, el sexo, las sustancias tóxicas, el entretenimiento, los pasatiempos, las relaciones, el trabajo, cualquier cosa que le impida sentir su espacio interior durante mucho tiempo.

Algunos individuos tienen el deseo de despertar, es decir, de ver la desarmonía subyacente y descubrir su naturaleza más profunda. Esta condición no debe considerarse moralmente superior, pues medir de esta manera sería comer del árbol del conocimiento del bien y del mal.

Lo que sí podemos decir es que, por alguna razón, ciertos individuos se cansan del ensimismamiento y quieren abrir los ojos para verse a sí mismos, a los demás y al mundo de forma más completa. Desean explorar y comprender lo que motiva los pensamientos, sentimientos y comportamientos inarmónicos que han estado afectando negativamente a sus vidas. Buscan ser totalmente honestos consigo mismos, auténticos y presentes en la vida. Buscan estar al servicio, haciendo lo que es útil, necesario, significativo y atractivo según sus propias definiciones de esas palabras.

Estos individuos que toman conciencia, si realmente prestan atencióna sus vidas y no se aferran a las autoridades sobre su naturaleza interior, son capaces de descubrir el significado del arrepentimiento y la expiación. Logran percibir que ser totalmente honestos consigo mismos sobre las facetas del ensimismamiento conlleva un arrepentimiento. Arrepentirse significa admitir dónde sentimos vergüenza, responsabilidad, culpabilidad y arrogancia. Arrepentirse significa notar y corregir la mente cuando moraliza sobre nosotros mismos, los demás o el Universo. A través de la conciencia sostenida, esos individuos dejan o al menos disminuyen los hábitos de etiquetar, condenar, maldecir y moralizar.

Para completar el proceso, abren sus corazones completamente para liberar el resentimiento y el odio de esas energías negativas dentro de ellos mismos y las que proyectan en otros. Necesariamente abren el corazón y la mente para ver las causas reales de esas energías eliminando el juicio moralizante contra esas energías. Eliminar el juicio moralizante proporciona verdadera claridad. Esta claridad es el significado del perdón. Cuando ven claramente las causas de la vergüenza, la responsabilidad, la culpabilidad y la arrogancia, siempre y cuando no caigan en la vergüenza, la responsabilidad, la culpabilidad y la arrogancia mientras las ven, entonces tendrán el panorama claro. Ayuda recordar la advertencia de Jesús en Mateo 7:1-2, "No juzguen, o ustedes también serán juzgados. Porque de la misma manera que juzgan a los demás, serán juzgados, y con la medida que midan a otros, se los medirá a ustedes".

Debemos ser conscientes del significado del perdón. Para muchos de nosotros, el concepto de perdón ha sido muy distorsionado por la tendencia moralizadora de la mente. Los seres humanos tendemos a juzgarnos a nosotros mismos y a los demás tanto por no perdonar como por perdonar. El perdón o la falta de él no te hace bueno o malo, superior o inferior. De hecho, el perdón no es un proceso moral. El perdón solo viene de la claridad. Sin claridad no puede haber perdón. Con claridad vemos el efecto asfixiante que el juicio moralizante crea para todos los involucrados y, por lo tanto, es mucho menos probable que juzguemos a alguien o algo. Y cuando juzgamos moralmente, es mucho más probable que nos demos cuenta y soltemos ese juicio como una patata caliente. Claridad significa entender que hay razones por las que las personas se comportan como lo hacen, incluso si esas razones no se conocen.

También se suele suponer que el perdón es sinónimo de reconciliación, pero perdón y reconciliación no son sinónimos. Perdonar significa liberar a los demás del juicio moral. La reconciliación, en cambio, implica la decisión de todas las partes de mantener la relación, aunque abordando los temas conflictivos.

Si has informado a la otra persona del comportamiento no deseado, y la otra persona no lo corrige repetidamente, entonces es razonable y tal vez saludable omitirla de tu vida personal. El individuo con claridad se da cuenta de que a quiénes permite entrar en su vida personal es su preferencia y prerrogativa. Eso es claridad.

El individuo que tiene claridad reconoce que puede amar plenamente a alguien y perdonarlo por su mal comportamiento y aun así decidir no mantener una relación activa con él. No siente vergüenza, culpa, arrogancia o resentimiento por mantener o romper la relación. Tienen la claridad de saber lo que quieren en sus vidas y lo que no quieren, y reconocen el precio que pagan por sus acciones e inacciones.

El individuo con claridad asume la autoridad en su vida y no pone excusas. Se preocupan por negociar con otras personas cuando es necesario hacerlo porque reconocen que evitar conversaciones necesarias pero incómodas da lugar a la acumulación de resentimiento. Entienden que el resentimiento bloquea la claridad y arruina las relaciones.

Por supuesto, el individuo que toma conciencia comprende que la luz de la claridad necesariamente brilla más en sus propios pensamientos, emociones y comportamientos. El individuo que toma conciencia se esfuerza por ver sus propias motivaciones. Con una observación persistente puede ver, en detalle, la causa de cualquier pensamiento, emoción y comportamiento negativo, manteniendo un corazón totalmente abierto. Ver con un corazón totalmente abierto es la expiación (ser uno mismo). La expiación significa admitir por qué pensamos, sentimos y actuamos como lo hacemos. La expiación es verdadera solo si la admisión es sin justificación, minimización, vergüenza, culpa, arrogancia o resentimiento.

Estas personas se dan cuenta de que malgastan mucha energía en quejas inútiles sobre cosas que no pueden controlar. Y con esa conciencia sostenida, la queja ineficaz desaparece de sus vidas. Este cambio les ahorra una gran cantidad de tiempo y energía que pueden dirigir hacia lo que consideran necesario, útil, significativo y atractivo. Se sienten muy fortalecidos por este simple cambio.

Con la aplicación diaria sostenida del *principio*, crece en el individuo que toma conciencia una sensación de expansión o de amplitud. Con persistencia, se extiende más allá de lo superficial y abarca el entorno que le rodea. Estos individuos comienzan a sentir que esta amplitud es el denominador común de la conciencia detrás de los corazones y las mentes de todos, aunque la mayoría de las personas son totalmente inconscientes de este denominador compartido.

El individuo altamente consciente puede sentir esta amplitud en sí mismo, en los animales, en los árboles, en las rocas, en todo. Y a medida que ese sentimiento se hace más fuerte, cada vez creen menos que son su personalidad, sus pensamientos, sus emociones o la historia de su vida. Es posible que sigan atrapados en su identidad, sus pensamientos, sus emociones y su historia de vez en cuando, pero salen del hechizo con relativa rapidez. A medida que desarrollan esta capacidad de desidentificación con esas energías, esas fuerzas pierden el control de sus vidas. Estos individuos son, en cierto sentido, libres de una manera que otras personas no lo son.

A través de la conciencia espaciosa de corazón abierto, que no debe equipararse a rasgos de personalidad como la amabilidad o la apertura a la experiencia, los que viven con ella conscientemente pueden ver que otras personas están atrapadas en sus mentes, sintiéndose solas, separadas e indignas de amor, tal y como ellos se sintieron una vez. Pueden ver que la vergüenza, la responsabilidad, la culpabilidad y la arrogancia motivan inconscientemente las vidas de casi todo el mundo. Y saben que esas fuerzas dan lugar a muchas de las decisiones que la gente cree que elige libremente.

También pueden ver que la gente está atrapada y busca distracciones o vías de escape. Pero el individuo que toma conciencia sabe que no hay forma de escapar de la realidad. Este individuo ve claramente que el deseo de medir su naturaleza fundamental, que es moralizar el yo, solo aumenta nuestra profunda inseguridad y sensación de soledad. Cerrar temporalmente la conciencia a esos sentimientos incómodos, combinado con estar personalmente identificado con ellos, alimenta aún más el estado de inseguridad. La persona que vive con claridad ve que la forma de salir de esta pesadilla es abrir la conciencia a esos sentimientos, enfrentarse a los miedos, admitir las innumerables formas en las que puede haberse avergonzado, responsabilizado y culpabilizado a sí misma como a los demás.

Así, el proceso de toma de conciencia puede llevarnos hacia una honestidad profundamente encarnada. A menudo, podemos reconocer que los elevados valores por los que podemos haber luchado, como la paz mundial, la ayuda a los demás, la empatía, la bondad y el amor, en muchos casos pueden haber estado motivados por energías mucho menos nobles, como la comodidad, la búsqueda de aprobación o el verse a uno mismo como moralmente recto o espiritual.

Muchas personas pueden haber trabajado tremendamente duro para lograr objetivos morales, pero cuando despiertan y empiezan a ver detrás de la cortina de sus mentes, es probable que noten algún grado de conciencia de imagen con respecto a estos objetivos, es decir, que podrían haber estado buscando aprobación o validación de su valía. La práctica combinada de ser profundamente honesto consigo mismo y abrir el corazón lleva a las personas que buscan vivir con claridad a través de una forma muy saludable de incomodidad que, en última instancia, revela el reino de los cielos en su interior. Su práctica diaria es un amor sostenido por *todo lo que existe*. Este amor cambia las motivaciones de sus objetivos y la forma de hacer casi todo.

Se dan cuenta de que el reino de los cielos, cuando se experimenta a través de un cuerpo humano, no debe equipararse a la comodidad. En realidad, la experiencia es una vitalidad vibrante, parecida a lo que los atletas suelen describir como estar "en la zona". Imagínate montando el rayo cuando tú eres el rayo. Estar en el Edén significa que eres plenamente TÚ.

Así que, como puedes ver, a través del proceso de toma de conciencia, empiezas de forma expansiva como en el Génesis 1, te estrechas através de la manifestación de un cuerpo inocente, como en el Génesis 2, te ensimismas a través de la autoconciencia, como lo que ocurre en el Génesis 3, y finalmente, a través de la autoconciencia, te expandes de nuevo, mientras sigues vivo, que es el retorno al Edén. La forma es como la de un reloj de arena o la cifra matemática del infinito.

Has llegado a la pregunta más esencial sobre tu experiencia con este libro. ¿Cómo sabes si *el principio* de *no hay otro* es práctico y transformador?

La única manera de saberlo es probarlo a través de tu propia vida. Puedes hacerlo comprometiéndote a mantener un corazón totalmente abierto y positivo, como vimos en la historia de la creación de Génesis 1. Puedes empezar a vivir la vida con inocencia, como nos recuerda Génesis 2. Y puedes empezar a notar y reducir los pensamientos y expresiones engañosas y poco útiles, como moralizar, etiquetar y quejarte de ti mismo, de los demás y del Universo, para evitar la trampa del ensimismamiento modelada en Génesis 3.

Con una persistencia amorosa, con un compromiso y un seguimiento a largo plazo en la vida diaria, sabrás por ti mismo que eres el Infinito, como lo son todos y todo. Si haces esto, lo que puedo decir casi con total certeza es que te va a desafiar hasta lo más profundo de tu ser.

¿Estás preparado para el viaje más inspirador que una persona puede emprender? ¿Estás preparado para ser plenamente TÚ?

Contigo en el camino, Richard L. Haight
10 de octubre de 2021

P.D. Si has disfrutado de este libro, por favor considera dejar una reseña en el lugar donde compraste *El Código del Génesis*.

P.P.D. Si deseas discutir *El Código del Génesis* con otros lectores, puedes unirte al Grupo de Lectores de El Código del Génesis aquí: https://www.facebook.com/groups/thegenesiscode

EL LIBRO DEL GÉNESIS
UNA NUEVA RADUCCIÓN DE LA BIBLIA INGLESA TRANSPARENTE

JAMES D. TABOR

GENESIS 2000 PRESS

Enlace de Amazon para el formato impreso o Kindle:
https://www.amazon.com/dp/B08GGB8X84

Copyright © 2020 por James D. Tabor
Todos los derechos reservados. Imprenta Genesis 2000 Ninguna parte de este libro puede ser reproducida en ninguna forma ni por ningún medio electrónico o mecánico, incluidos los sistemas de almacenamiento y recuperación de información, sin el permiso escrito del autor, excepto para el uso de breves citas en una reseña del libro.

James D. Tabor

Guía del Lector de la Traducción de Tabor

> La *cursiva* indica palabras que **no** están en el hebreo, pero que se han añadido para mejorar el estilo inglés

> Nombres o términos de Dios como ELOHIM, YHVH o ADONAI están indicados en MAYÚSCULAS

> Las notas explicativas se encuentran en la parte inferior de la página y se indican con un número en superíndice[2]

> Las palabras en **negrita** y *cursiva* indican un énfasis especial en el hebreo

> El masculino[m], el femenino[f], el singular[s], el plural[p], la causa[c] y el artículo definido[d] están indicados por estas pequeñas letras de superíndice

> Estos "espacios en blanco" especiales se encuentran en los manuscritos hebreos originales, indicando una pausa en el pensamiento o un énfasis de una sección del texto

Capítulo 3:14 Y YHVH ELOHIM dijo hacia la Nachash: "Por haber hecho esto, maldita *serás* sobre todo animal, y sobre todo ser viviente del campo; sobre tu vientre andarás, y polvo comerás, todos los días de tu vida[p]. **15** Y pondré hostilidad entre tú y la mujer, y entre tu descendencia y la suya[1]; *él* te golpeará[2] en *la* cabeza, y *tú* le golpearás en *el* talón". **16** A la mujer dijo: "Multiplicaré, *¡seguramente* multiplicaré! tu angustia[3] y tu embarazo; en la angustia darás a luz hijos, y a tu hombre[4] *será* tu anhelo, y *él* gobernará en[5] ti". **17** Y a *la criatura terrestre*[6] le dijo: "Por haber escuchado a[7] la voz de tu mujer y haber comido del árbol que te mandé decir: 'No comerás de él', maldita *es* la tierra por tu culpa. En la angustia[8] la comerás todos los días de tu vida[p]; **18** y te brotarán espinas y cardos, y comerás la planta del campo. **19** Con el sudor de tus dos narices comerás el pan, hasta que vuelvas a la tierra, porque de ella fuiste tomado; porque polvo *eres*, y al polvo volverás".

---

[1] O "descendencia", el término hebreo 'zera' se refiere normalmente a la "semilla" masculina, pero puede referirse también a la reproducción femenina (Gn 16:10; Lv 12:2).
[2] O "magullar".
[3] O "dolor", la misma palabra que en el v. 17b.
[4] Término hebreo 'ish.
[5] Es decir, con respecto a.
[6] Término hebreo 'adam, criatura terrestre, sin el artículo, probablemente aquí el nombre propio.
[7] Literal "oído a".
[8] O "dolor", la misma palabra del v. 16.

El Inglés Transparente Versión del Libro del Génesis

(Bere'sheet)[1]

Capítulo **1:1** *Al* principio[f2] de crear ELOHIM[3] los cielos y la tierra— **2** y la tierra estaba[4] desolada y vacía; y las tinieblas *estaban* sobre la faz[p] *del* abismo, y el espíritu[5] de ELOHIM se cernía[6] sobre la faz[p] de las aguas—**3** y ELOHIM dijo: "Sea la luz"; y fue la luz. **4** Y ELOHIM vio la luz, que *era* buena; y ELOHIM separó entre la luz y entre las tinieblas.[7] **5** YELOHIM llamó a la luz "día"[8], y a las tinieblas las llamó "noche". Y fue la tarde y la mañana el primer día.[9]

6 Y ELOHIM dijo: "Que haya una expansión en medio de las aguas, y que haya una separación entre aguas y aguas". **7** Y ELOHIM hizo[10] la expansión, y separó entre las aguas que *estaban por* debajo de la expansión, y entre las aguas que *estaban* por encima de la expansión. Y fue así. **8** Y ELOHIM llamó a la expansión "cielos". Y fue la tarde y la mañana, el segundo día.

9 Y ELOHIM dijo: "Que las aguas debajo de los cielos se reúnan hacia un solo lugar[11], y que se vea la *tierra seca*". Y fue así. **10** Y ELOHIM llamó a la *tierra seca* "tierra", y al conjunto de las aguas lo llamó "mares". Y ELOHIM vio que *era* bueno. **11** Y ELOHIM dijo: "Que la tierra haga brotar[c] el retoño, una planta que siembra la semilla, un árbol frutal que hace[12] el fruto, según su tipo, su semilla, dentro de ella, sobre la tierra". Y así fue. **12** Y la tierra hizo salir[c] el retoño, una planta que sembraba semilla según su tipo, y un árbol que hacía[13] fruto, su semilla, dentro de ella, según su tipo. Y ELOHIM vio que *era* bueno. **13** Y fue la tarde y la mañana, el tercer día.

14 Y ELOHIM dijo: "Que haya luces en la expansión de los cielos, para separar el día de la noche; y sirvan[14] de señales para las estaciones[15], para días y años[16], **15** y sean para luces en la expansión de los cielos, para hacer luz ᶜsobre la tierra". Y fue así. **16** Y ELOHIM hizo[17] las dos lucesgrandes -la luz grande para gobernar el día, y la luz pequeña para gobernar la noche- y las estrellas. **17** Y ELOHIM las puso en la expansión de los cielos, para hacer luz sobre la tierraᶜ, **18** y para gobernar en el día y en la noche, y para separar entre la luz y entre la oscuridad. Y ELOHIM vio que *era* bueno. **19** Y fue la tarde y la mañana, el cuarto día.

20 Y ELOHIM dijo: "Que las aguas produzcan un enjambre de seres vivosˢ[18], y *aves* que vuelen sobre la tierra, sobre la fazᵖ de la extensión de los cielos". **21** Y ELOHIM creó las grandes *bestias acuáticas*[19], y todo ser vivienteᵈ que se mueve, con el cual las aguas pululan, según su tipo, y toda ave alada, según su especie. Y ELOHIM vio que *era* bueno. **22** Y ELOHIM los bendijo diciendo: "Den fruto y sean abundantes y llenen las aguas en los mares, y que las aves[20] sean abundantes en la tierra". **23** Y fue la tarde y la mañana, el quinto día.

24 Y ELOHIM dijo: "Que la tierra haga salirᶜ un ser viviente según su tipo: animal, y cosa movible, y cosa viva de la tierra según su tipo". Y fue así. **25** Y ELOHIM hizo[21] el ser viviente de la tierra, según su tipo, y el animal según su tipo, y cada cosa movible de la tierra según su tipo. Y ELOHIM vio que *era* bueno. **26** Y ELOHIM dijo: "Hagamos[22] criaturas terrestres[23] a nuestra imagen, según nuestra semejanza, y que gobiernen sobre[24] los peces del mar, y las aves de los cielos, y los animalesˢ, y sobre toda la tierra[25], y todo lo que se mueve sobre la tierra". **27** Y ELOHIM creó la criatura terrestre a su imagen: a imagen de ELOHIM la creó, un macho y una hembra los creó. **28** Y ELOHIM los bendijo y les dijo: "Lleven fruto y sean abundantes y llenen la tierra; y sometan y gobiernen sobre los peces del mar, y las aves de los cielos, y sobre todo ser viviente que se mueve sobre la tierra". **29** Y ELOHIM dijo: "¡Mira! —Yo te he dado[P] toda planta que da semilla que *está* sobre la superficie[P] de toda la tierra, y todo árbol[d], en el cual *hay* fruto que da semilla; esto te servirá[P] de *alimento*. **30** Y a todo ser viviente de la tierra, y a toda ave de los cielos, y a todo lo que se mueve sobre la tierra, que en ella *tiene* vida[26], les he dado toda planta verde para *alimento*". Y fue así. **31** Y ELOHIM vio todo lo que había hecho[27], y ¡mira!—*era* sumamente bueno. Y fue la tarde y la mañana, el sexto día.

Capítulo **2:1** Y los cielos y la tierra y toda su compañía[28] fueron terminados. **2** Y terminó ELOHIM en el séptimo día su obra, y cesó[29] en el séptimo día[30] de toda la obra que hizo. **3** Y ELOHIM bendijo el séptimo día, y lo puso aparte, porque en él cesó de toda su obra.

4 Estos *son* los orígenes de los cielos y de la tierra[31] cuando fueron creados. En *el* día de la creación[32] de YHVH[33] ELOHIM, la tierra y los cielos, **5** y ningún arbusto del campo estaba antes en la tierra, y ninguna planta del campo había brotado antes, pues YHVH ELOHIM no había hecho llover[c] sobre la tierra, y no había ninguna criatura terrestre para servir a la tierra; **6** y un vapor[34] subía de la tierra, y regaba[c] toda la faz[P] de la tierra—**7** y YHVH ELOHIM dio forma a la criatura terrestre del polvo de la tierra[35], y sopló en sus dos narices aliento[36] de vida[P]; y la criatura terrestre se convirtió en un ser viviente[37]. **8** Y ELOHIM plantó un jardín en Edén[38], al este; y allí colocó a la criatura terrestre a la que dio forma. **9** Y YHVH ELOHIM hizo brotar[c] de la tierra todo árbol apetecible para la vista y bueno para *comer*; y el árbol de la vida[P] en medio del jardín, y el árbol del conocimiento del bien y del mal. **10** Y del Edén sale un río que riega^c el jardín, y de allí se separa y se convierte en cuatro ríos. **11** El nombre del primero *es* Pisón³⁹; rodea toda la tierra de Havilá, donde *hay* oro^d, **12** y el oro de esa tierra *es* bueno; *hay* bedelio y piedra de ónice. **13** El nombre del segundo río *es* Gihón⁴⁰, rodea toda la tierra de Cus.⁴¹ **14** Y el nombre del tercer río *es* Hidekel⁴²; *es* el que corre al este de Asiria. Y el cuarto río *es* el Éufrates.⁴³ **15** Y YHVH ELOHIM tomó a la criatura terrestre y la hizo descansar^c en el jardín del Edén, para que la sirviera y la cuidara. **16** Y YHVH ELOHIM *le impuso* a la criatura terrestre, diciendo: "¡De todo árbol del jardín, comerás— *seguramente* comerás!⁴⁴ **17** Y del árbol del conocimiento del bien y del mal, no comerás; porque *el* día que comas de él, ¡morirás!".⁴⁵ **18** Y YHVH ELOHIM dijo: "No es bueno que la criatura terrestre esté sola, le daré⁴⁶ una ayuda como *la de* antes"⁴⁷ **19** Y YHVH ELOHIM formó de la tierra todo ser viviente del campo, y toda ave voladora de los cielos, y los hizo venir^c hacia la criatura terrestre para ver cómo los llamaría; y cómo la criatura terrestre llamó a cada ser viviente, ese *fue* su nombre. **20** Y la criatura terrestre puso nombre a todo animal, y a las aves de los cielos, y a todo ser viviente del campo; pero para la *criatura terrestre*⁴⁸ no se encontró una ayuda, como *la de* antes.⁴⁹ **21** Y YHVH ELOHIM hizo que un sueño profundo cayera^c sobre la criatura terrestre, y ella se durmió; y él tomó uno de sus lados, y puso carne debajo de él. **22** Y YHVH ELOHIM construyó el costado que tomó de la criatura terrestre en una mujer, y la hizo venir^c hacia la criatura terrestre. **23** Y la criatura dijo: "¡Esta es ahora hueso de mis huesos y carne de mi carne! A esta se le llamará "mujer"⁵⁰, porque de un hombre⁵¹ fue tomada". **24** Por eso el hombre⁵¹ dejará a su padre y a su madre y se unirá⁵² a su mujer, y se convertirán en una sola carne. **25** Y los *dos* estaban desnudos⁵³, la criatura terrestre y su mujer, y no se avergonzaban. Capítulo **3:1** Y la Nachash[55] era más astuta[56] que[57] cualquier ser viviente del campo que YHVH ELOHIM hizo[58]. Y dijo a la mujer: "¿Acaso dijo ELOHIM: 'No[P] puedes comer de ningún árbol del jardín'?". **2** Y la mujer dijo a Nachash: "Del fruto de los árboles del jardín podemos comer; **3** y del fruto del árbol que está en medio del jardín, dijo ELOHIM: 'No[P] comerás de él, y no lo tocarás, para que no mueras'". **4** Y la Nachash dijo a la mujer: "¡Morir, ciertamente[P] no morirás![59] **5** Porque ELOHIM sabe que *el* día que comas de él, se te abrirán los ojos y serás como[P] ELOHIM conociendo[P] el bien y el mal". **6** Y la mujer vio que el árbol *era* bueno para *comer, y* que *era* un anhelo para los ojos, y que el árbol *era* deseable para alcanzar sabiduría[c], y tomó de su fruto y comió; y dio también a su hombre[60], y él comió con ella. **7** Y los ojos de los dos se abrieron, y supieron que *estaban* desnudos; y cosieron hojas[s] de una higuera y se hicieron[61] taparrabos. **8** Y oyeron la voz[62] de YHVH ELOHIM que se paseaba[63] por el jardín al fresco[64] del día, y la criatura terrestre y su mujer se ocultaron[c] de la cara[P] de YHVH ELOHIM en medio de los árboles[s] del jardín. **9** Y YHVH ELOHIM llamó a la criatura terrestre, *y le dijo:* "¿Dónde *estás*?". **10** Y él respondió: "Oí tu voz[65] en el jardín, y temí, porque *estaba* desnudo, y me escondí". **11** Y él dijo: "¿Quién te dijo que *estabas desnudo*? Del árbol que te mandé 'para no comer de él', ¿has comido?". **12** Y la criatura terrestre dijo: "La mujer, que tú me diste *para estar* conmigo, me dio del árbol, y yo comí". **13** Y YHVH ELOHIM dijo a la mujer: "¿Qué *es* lo que has hecho?". Y la mujer dijo: "La Nachash me engañó, y comí". **14** Y YHVH ELOHIM dijo hacia la Nachash: "Por haber hecho esto, maldita *serás* sobre todo animal, y sobre todo ser viviente del campo; sobre tu vientre andarás, y polvo comerás, todos los días de tu vida[P]. **15** Y pondré hostilidad entre tú y la mujer, y entre tu descendencia y la suya[66]; *él* te golpeará⁶⁷ en *la* cabeza, y *tú* le golpearás en *el* talón". **16** A la mujer dijo: "Multiplicaré^c, *¡seguramente* multiplicaré^c!⁶⁸ tu angustia⁶⁹ y tu embarazo; en la angustia darás a luz hijos, y a tu hombre⁷⁰ *será* tu anhelo, y *él* gobernará en ti".⁷¹ **17** Y a *la criatura terrestre*⁷² le dijo: "Por haber escuchado a⁷³ la voz de tu mujer y haber comido del árbol que te mandé decir: 'No comerás de él', maldita *es* la tierra por tu culpa. En la angustia⁷⁴ la comerás todos los días de tu vida^P; **18** y te brotarán espinas y cardos, y comerás la planta del campo. **19** Con el sudor de tus dos narices comerás el pan, hasta que vuelvas a la tierra, porque de ella fuiste tomado; porque polvo *eres*, y al polvo volverás". **20** Y la criatura terrestre le puso por nombre Eva⁷⁵ a su mujer, porque *ella* era madre de todos los vivientes. **21** Y YHVH ELOHIM hizo⁷⁶ ropas de piel para *la criatura terrestre*⁷⁷ y su mujer, y los vistió.

22 Y YHVH ELOHIM dijo: "¡Mira! La criatura terrestre ha llegado a ser como uno de nosotros⁷⁸, conociendo el bien y el mal; ¡y ahora, para que no meta su mano y tome también del árbol de la vida^P, y coma, y viva para siempre...!".⁷⁹ **23** Y YHVH ELOHIM lo envió⁸⁰ desde el jardín del Edén, para que sirviera a la tierra de la que fue tomado. **24** Y expulsó⁸¹ a la criatura terrestre, y al oriente del jardín del Edén hizo habitar^c querubines, y una espada encendida que giraba en todas direcciones para guardar el camino del árbol de la vida^P.

---

[1] Los libros de la Biblia hebrea se nombran a partir de sus palabras iniciales: aquí *Bere'sheet*, que significa "*Al* principio de...".
[2] Lit "*A la cabeza* de", Heb *Bere'sheet* en esta construcción gramatical es una frase temporal que significa, "Cuando al principio...", ver Jer 26:1 donde ocurre la misma forma. Hace referencia al "estado de cosas" cuando comienza la actividad creadora.
[3] ELOHIM es un sustantivo plural, pero a menudo funciona como un singular colectivo, tomando un verbo singular. Está relacionado con los

términos hebreos '*eloah* y '*el*, que significan Dios, dios, poder o poderoso, y puede referirse a jueces y líderes, a seres celestiales, a los dioses de las naciones o al único Dios de Israel.

[4] O "se volvió".

[5] El término hebreo *ruach*, literal "viento", ver Gen 7:1.

[6] Es decir, "revolotear" o "sacudir", véanse Dt 32:11 y Jer 23:9, los otros dos únicos lugares en los que se utiliza este verbo, siempre en forma intensiva (Piel).

[7] Es decir, separar la luz de las tinieblas.

[8] DSS "diurno".

[9] Estos saltos de párrafo, así como las divisiones más pequeñas de "espacio en blanco" (véase Gn 3:16-17), están tomados del texto hebreo y se reproducen con precisión a lo largo de esta traducción, como se explica en la Introducción.

[10] O "realizó".

[11] DSS "una reunión", produciendo una aliteración con el verbo "reunido".

[12] O "crea".

[13] O "creaba".

[14] DSS "y fueran"; esta lectura parece apoyar la posibilidad de que la cita directa termine después de "...de la noche", como han sugerido algunos traductores.

[15] El término hebreo Mo'adim, "tiempos señalados", ya sean astronómicos, divinos o humanos.

[16] DSS "durante años".

[17] O "creó".

[18] El término hebreo *nephesh chayyah*, se refiere a la vida respiratoria de todo tipo; el mismo término se utiliza en 1:24 para los animales terrestres y en 2:7 para los humanos.

[19] El término hebreo *tanin*, se refiere a cualquier criatura feroz parecida a un monstruo, generalmente en el mar o en los ríos. Véase Gn 1:21; Exo 7:9; Sal 91:13; Is 27:1; Ez 29:3

[20] DSS "lo que vuela será abundante".

[21] O "creó".

[22] O "creemos".

[23] El término hebreo '*adam*, de '*adamah*, "tierra", o "tierra roja".

[24] Es decir, con respecto a, aquí y en el v. 28.

[25] Siríaco "sobre todos los animales de la tierra".

[26] El término hebreo *nephesh chayyah*, usado para los humanos en Gen 2:7.

[27] O "creado".

[28] O "ejército", el hebreo *tzava'* se refiere a una reunión o concentración.

[29] El término hebreo *shavat*, o "descansó", en el sentido de detenerse.
[30] Los LXX, el siríaco y el SP leen aquí "sexto día".
[31] El Génesis tiene diez divisiones, cada una de las cuales comienza con la frase "Estos *son los* sucesos de..." y se indican en esta traducción con **negrita**.
[32] Literal "realización".
[33] Nombre del Dios de Israel יהוה (Tetragrammaton), tradicionalmente Yahveh, o Yehovah; traducido SEÑOR en la mayoría de las versiones inglesas, pero aquí se lo identifica con cuatro letras sin vocales.
[34] O "niebla", de significado incierto, utilizado solo aquí y en Job 36:27.
[35] El término hebreo *'adamah*, de donde deriva el término "*criatura terrestre*"(*'adam*).
[36] El término hebreo *nishamah*, cf. Gn 7:15,22 donde se utiliza un término diferente.
[37] Término hebreo *nephesh chayyah*, el mismo término que en 1:20,21,24, se refiere a todo tipo de vida respiratoria, ya sea animal o humana. Por lo tanto, la traducción estándar al español de "alma" es engañosa.
[38] Nombre de un lugar o región, que significa "placer" o "dicha".
[39] Posiblemente del verbo *empujar*, "saltar", "extenderse".
[40] Significa "brotar".
[41] Incierto, quizás las tierras del sur del Nilo.
[42] Significado incierto; en los LXX se lee Tigris.
[43] El término hebreo *Pherat*, "fecundidad".
[44] El doble uso del verbo indica énfasis.
[45] El doble uso del verbo indica énfasis.
[46] O "haré".
[47] Es decir, una frente a él, antes u opuesta a él, como su contraparte.
[48] El término hebreo *'adam*, "*criatura terrestre*", sin el artículo, que algunos han tomado como nombre propio, "Adán".
[49] Véase la nota del v. 18.
[50] El término hebreo *'ishah*.
[51] El término hebreo *'ish*.
[52] El término hebreo *'ish*.
[53] Es decir, pegarse, como en la soldadura.
[54] Hebreo *'arumim*, juego de palabras con "astuto" en el siguiente verso.
[55] La palabra hebrea *nachash* significa una serpiente, pero también puede hacer mención a una criatura marina (Amós 9:3; Isaías 27:1), la raíz significa "brillar" (como el bronce) o "silbar" como en el encantamiento.
[56] La palabra hebrea *'arum*, ver verso anterior; "desnudo" viene de la misma raíz, que significa "suave" o "resbaladizo".
[57] Es decir, más astuto en contraste con ("lejos de") cualquier otro.
[58] O "creó".

⁵⁹ El doble uso del verbo indica énfasis.
⁶⁰ El término hebreo *'ish*.
⁶¹ O "lo hicieron por sí mismos".
⁶² Es decir, el sonido; en hebreo "voz" se utiliza como metáfora de todo tipo de sonidos.
⁶³ Esta forma del verbo tiene un significado iterativo, por lo tanto "caminar hacia adelante y hacia atrás".
⁶⁴ Es decir, la brisa.
⁶⁵ Es decir, el sonido, en hebreo "voz" se utiliza como metáfora de todo tipo de sonidos.
⁶⁶ O "descendencia", el término hebreo *zera'* se refiere normalmente a la "semilla" masculina, pero puede referirse también a la reproducción femenina (Gn 16:10; Lv 12:2).
⁶⁷ O "magullar".
⁶⁸ El doble uso del verbo indica énfasis.
⁶⁹ O "dolor", la misma palabra que en el v. 17b.
⁷⁰ El término hebreo *'ish*.
⁷¹ Es decir, con respecto a; cf. Gn 4:7, se utiliza la misma expresión.
⁷² El término hebreo *'adam*, "*criatura terrestre*", sin el artículo, probablemente el nombre propio, "Adán".
⁷³ Literal "oído a".
⁷⁴ O "dolor", "dificultad", la misma palabra del v. 16.
⁷⁵ El término hebreo *chavah*, que significa "fuente de vida".
⁷⁶ O "creó".
⁷⁷ El término hebreo *'adam*, "*criatura terrestre*", sin el artículo, probablemente el nombre propio, "Adán".
⁷⁸ O "de él", el pronombre puede significar aquí "nosotros" o "él".
⁷⁹ Es decir, continuamente; modismo hebreo que se refiere a un tiempo indeterminado en el futuro o en el pasado. La frase está incompleta y se interrumpe sin terminar el pensamiento.
⁸⁰ Forma intensiva del verbo (Piel)
⁸¹ Forma intensiva del verbo (Piel)

El Libro del Génesis Enlace de Amazon para el formato impreso o Kindle: https://www.amazon.com/dp/B08GGB8X84

Apéndice

Prácticas Útiles

Capítulo 9 — Practicar la Alabanza

Por favor, tómate un momento para visualizar el objetivo de cada alabanza y luego lee en voz alta la alabanza mientras sientes las vibraciones de las palabras al ser pronunciadas hacia el objetivo previsto.

Para obtener el mejor efecto, deja de intelectualizar por ahora; solo visualiza y siente el cuerpo mientras dices las palabras con intención. Las palabras, sin la visualización y el sentimiento, nunca nos llevarán a la meta.

1. Luz—"Y Dios ve la luz, que *es* Dios"
2. Tierra y mares—"Y Dios ve que *es* Dios"
3. Plantas y árboles—"Y Dios ve que *es* Dios"
4. Sol, luna, estrellas—"Y Dios ve que *es* Dios"
5. Criaturas acuáticas y voladoras—"Y Dios ve que *es* Dios"

Apéndice

6. Criaturas terrestres: "Y Dios ve que *es* Dios"
7. Todo lo que existe—"Y Dios ve todo lo que existe, y ¡mira!

Mírate en el espejo, y mientras sientes todo tu cuerpo, repite y siente: "Y Dios ve que soy Dios".

La práctica y unos ligeros estiramientos para liberar la tensión ayudarán a resolver los juicios inútiles y los sentimientos de separación que se mantienen en la mente subconsciente.

Ahora, mira a tu alrededor. A todos y a todo lo que veas, repite con sentimiento: "Y Dios ve que es Dios completo, sin fisuras".

Capítulo 10—Cuidados

Piensa en tu vida. ¿Hay algo que hagas o hayas hecho que se sienta como un verdadero cuidado? Sería un acto de servicio, hecho con amor, que no te hace ganar nada a nivel del ego. Lo que indicamos es una comunión en la que se sirve a todo el mundo, incluido tú, sin un sentido de ensimismamiento o codependencia respecto al servicio. Lo que sea que hagas que se ajuste a esta definición es una actividad que está alineada con tu naturaleza más verdadera, el Infinito dentro de ti. Cualquiera que sea esa actividad beneficia a todos y a todo de alguna manera. Podrías permitirte hacer más de eso.

Las actividades artísticas, creativas e inspiradoras se incluyen mejor en la categoría de cuidado, ya que alimentan el alma. Son actividades de cuidado, siempre y cuando participes en ellas inocentemente, con alegría, con todo tu ser, y las compartas con un corazón abierto, despreocupado por la forma en que puedas ser juzgado. Hacerse conocido o aceptar dinero por los productos de estas actividades nutritivas está bien siempre que la reputación y la riqueza no sean las principales fuerzas motivadoras.

Capítulo 11—Reducir el Hábito del Juicio Moral

Dedica un tiempo cada día a hacer un recuento de los momentos del día en los que mediste o juzgaste tu valor fundamental o el de otra persona. Fíjate en los momentos en los que has sentido vergüenza, culpa o arrogancia. Deja ir esos sentimientos, porque no son útiles.

En lugar de autocastigarte con energías ineficaces como el juicio moral y perpetuar el sufrimiento de Adán y Eva, simplemente considera qué preferirías en tu vida si realmente te amaras a ti mismo y quisieras ser lo más completo posible. ¿Prefieres continuar con el comportamiento por el que te juzgas a ti mismo y a los demás? Si no es así, haz menos de eso, y haz un poco más de lo que te lleva en una dirección saludable.

Al reducir el juicio moral, hacer menos de lo que no es saludable para tu bien a largo plazo, y hacer más de lo que es saludable, tu ejemplo apoya a otros a hacer cambios saludables, así como a estar libres de juicio moral. Con la persistencia diaria, esta práctica puede aportar una enorme claridad interior y liberación. Y recuerda que no hay, ni hubo nunca, un pecado original.

Capítulo 13—Ejercicio de Silencio Consciente

Practicar el silencio vibrante en tu vida diaria puede revelar un sentido del momento siempre presente que puede ser tremendamente transformador en tu vida. La clave es hacer una pausa para experimentar la presencia vibrante del momento y darte cuenta de lo que te impide entrar plenamente en esa experiencia. Si trabajas para corregir los bloqueos mientras practicas el silencio vibrante, con el tiempo, la experiencia se vuelve más accesible. Finalmente, tu vida se convierte en la encarnación consciente de la presencia vibrante.

Apéndice

Capítulo 13 — Unificar el Ejercicio de la Luz

Dedica unos minutos al día a practicar este sencillo ejercicio de visualización. Ponte cómodo y cierra los ojos. Imagina que por debajo o detrás de tu percepción del mundo una brillante luz blanca unifica a todos y a todo en un amor incondicional.

No pienses demasiado en este ejercicio. No te esfuerces en analizar o convertir esta práctica en una filosofía o ideología. En cambio, permítete ser inocente como un niño pequeño durante este ejercicio. Imagina que todo el Universo brilla con un amor cálido y envolvente. Imagina que tu cuerpo también está impregnado de esta luz. Deja de juzgarte a ti mismo, a tu cuerpo, a los demás (incluidos tus enemigos) y al Universo. Siente amor en la medida en que puedas durante unos minutos cada día.

Con la práctica podrás hacerlo con los ojos abiertos, pero para muchas personas es más fácil empezar con los ojos cerrados. Puedes probarlo de ambas formas cada día para entrenar al cerebro a ser flexible con este ejercicio.

Capítulo 14 — Liberarse de las Etiquetas

Un ejercicio saludable que puedes aplicar activamente a lo largo del día es notar cada vez que te etiquetes como si fueras esto o aquello. Las etiquetas más obvias son las que te etiquetan como "bueno" o "malo". Pero cualquier etiqueta con la que te identifiques realmente, como tu puesto de trabajo, tu posición social o económica, tu valía, etc., merece atención. Igualmente importante es observar la resistencia a cualquier etiqueta con la que te identifiques fuertemente, como "no soy un mentiroso" o "no soy tacaño". Mantener este tipo de etiquetas puede ser muy limitante e impedir una mejora saludable de la vida.

También podrías tomar nota de cuando etiquetas a los demás. Es muy fácil hacerlo. Cuando creemos que los demás son las etiquetas que les hemos puesto psíquicamente, se hace muy difícil que esas personas se liberen sin romper la relación. Libéralos descreyendo de las etiquetas. En tu corazón, puedes descartar incluso las etiquetas que se aplican a sí mismos.

El objetivo de este ejercicio es ir contactando con tu naturaleza esencial e indefinida poco a poco a lo largo del día. Cuando notes que surge una etiqueta en tu mente, toma nota de ella y recuérdate que en esencia *no* eres *nada* en particular. Permítete un momento para sentir lo que es ser sin ningún pensamiento. Incluso unos segundos aquí y allá ayudan.

Capítulo 15—Práctica de las Palabras Verdaderas

Esta es una práctica básica que aprovecha otro significado de Logos, que es "palabras verdaderas". Gran parte de nuestra desarmonía interior surge simplemente como resultado de ser deshonestos con nosotros mismos y con los demás. Practicar el logos significa ajustar nuestras palabras y pensamientos para que estemos más alineados y seamos más verdaderos en nuestros corazones.

Para ser justos, parece mucho más fácil saber cuándo no estamos siendo verdaderos que cuándo lo estamos siendo, porque la verdad puede ser difícil de precisar. Así, con este ejercicio, fíjate en cualquier pensamiento y lenguaje que utilices que no se ajuste a cómo pensarías y hablarías si realmente amaras, confiaras y apoyaras la plenitud de tu ser.

He aquí una breve lista de pensamientos y expresiones que nos alejan de la expresión más plena de nuestra verdadera naturaleza:

Apéndice

Asumir las motivaciones
Autodesprecio (habitual)
Autoenaltecimiento
Autovictimización
Adulación
Búsqueda de atención
Búsqueda de la aprobación
Certeza
Condena
Cotilleo
Dominación
Engaño
Evitar la responsabilidad
Fisgoneo
Idealizar
Identificarse con la ideología
Jactancia

Lloriqueo
Ignorancia voluntaria
Incumplimiento de la palabra dada
Malevolencia
Manipulación emocional
Mentiras piadosas innecesarias
Minimizar la responsabilidad
Negligencia
Odio
Promesas casuales
Posicionamiento social
Racionalizar los deseos
Reclamación ineficaz
Resentimiento
Retrasos (habituales)
Síes cobardes
Te lo dije

Glosario de Términos

Edén Sinónimo de reino de los cielos; paraíso

Elohim El plural de El, que significa deidad. Elohim es considerado el creador del universo, como se refleja en el Génesis 1. Véase Mente Universal.

Conciencia Pura El fundamento inmutable de la percepción en elnúcleo de todo lo que existe. Se relaciona con YHVH en esta obra.

Logos Significa en griego "palabras verdaderas"; también es sinónimo de Espíritu Santo en el cristianismo.

Ensimismamiento Estar completamente atrapado en su propia perspectiva, imagen e historia de vida.

Autoconciencia Anticiparse y asumir que sabe cómo lo ven los demás.

El Código El mapa del Génesis que indica el principio y el camino que los humanos deben seguir para volver a la armonía.

El Espíritu Santo La vibración del Universo.

El Infinito Término general que engloba todos los aspectos de lo que podría llamarse Dios.

El reino de los cielos Sinónimo de jardín del Edén; paraíso.

El principio El principio rector de la conciencia pura; *no hay otro.*

El satanás El obstáculo, juez, fiscal, engañador.

La Serpiente El espíritu de ensimismamiento que hay en cada uno de nosotros.

El árbol de la vida Conciencia espacial, sentimiento, confianza, empatía, visión de conjunto.

El árbol del conocimiento del bien y del mal Autoconciencia, deseo de conocimiento de certeza, perspectiva miope, autoidentidad, juicio moral.

El Testigo Término general que engloba todos los aspectos de lo que podría llamarse Dios.

La Palabra de Dios Sinónimo de Espíritu Santo.

Tetragrámaton Palabra hebrea de cuatro letras יהוה, generalmente transliterada YHWH, YHVH o JHVH, que indica el Dios de Israel.

Toro Forma geométrica como la de un anillo o un donut con un agujero.

Tori Plural de toro.

Mente Universal El aspecto del Testigo que genera la experiencia holográfica del Universo. Se relaciona con Elohim en esta obra.

YHVH El tetragrámaton, la palabra hebrea de cuatro letras יהוה, que suele indicar el Dios de Israel.

Agradecimientos

En primer lugar, me gustaría compartir mi más sincero agradecimiento a Barbara Becker y Linda LaTores por su ayuda en la investigación a lo largo de este proyecto.

También me gustaría agradecer a Mark Lyon, Irene Critchley y Kathleen Kellaigh, junto con Barbara Becker y Linda LaTores, el tiempo y el esfuerzo que han invertido en ayudar a mejorar el texto. Sus sugerencias, preguntas y su ojo para los errores gramaticales han mejorado mucho este libro.

Agradezco a Ted Noble, Jenn Coelho, Lisa Williams, Phillip Garver y Chris Robertson sus comentarios sobre el borrador final del manuscrito.

Ofrezco mi más profunda gratitud a mi editora, Hester Lee Furey, por la exigente excelencia que pone en su trabajo. Trabajar con Lee ha sido un aprendizaje y un honor. Y con Oriana Gatta, cuya corrección y sugerencias de contenido llevaron el libro al siguiente nivel, comparto una gran gratitud.

Comparto mi profundo agradecimiento al profesor James D. Tabor por su generoso apoyo. Me puse en contacto con el Dr. Tabor para pedirle permiso para utilizar la totalidad de los capítulos 1 a 3 de su nueva traducción de la Biblia Inglesa Transparente del

Agradecimientos

Libro del Génesis, que me concedió rápidamente. El Dr. Tabor superó mis expectativas, enviando incluso los archivos originales del manuscrito para que pudiera copiar y pegar el contenido en su totalidad, a fin de mantener todo en su contexto. La traducción de James D. Tabor es impresionante. Si buscas una traducción que capte la esencia del hebreo original, no busques más.

Ofrezco mi agradecimiento a The Brothers Reed (Los Hermanos Reed) por apoyar este libro con su canción maravillosamente profunda y conmovedora, "Irish Hymn" (Himno Irlandés). The Brother's Reed es una banda local con verdadero corazón, creatividad y talento. Les deseo lo mejor con su música y sus pasiones.

Por último, agradezco a aquellos individuos anónimos que, de generación en generación, se esforzaron por transmitir con seriedad las historias que conocemos como el Libro del Génesis. Si no fuera por sus esfuerzos, no habría constancia del camino hacia la libertad interior que protegieron cuidadosamente.

Avance de La Meditación del Guerrero

Ganador del Premio Favorito de los Lectores 2020, *La Meditación del Guerrero* enseña la forma original, instintiva y no religiosa de meditación que casi se ha perdido en el mundo. Richard L. Haight, instructor de cuatro artes samuráis, comparte el secreto mejor guardado del mundo en materia de superación personal, desarrollo cognitivo y alivio del estrés.

Quizá te preguntes en qué se parece la experiencia del samurái a tu vida moderna. Al igual que el samurái, necesitamos una meditación que permita que nuestras acciones en un mundo de alta presión y ritmo acelerado fluyan desde la profundidad de la conciencia. La Meditación del Guerrero te ayuda a expresarte desde esa profundidad de forma natural.

La Meditación del Guerrero es de aplicación flexible, lo que permite combinarla con lo que te depare el día. A través de breves sesiones diarias, los numerosos beneficios cognitivos y de salud física científicamente comprobados de la meditación diaria se abrirán ante ti. Ya no necesitas retirarte de la vida para meditar, porque con *La Meditación del Guerrero* puedes llevar la calma, la conciencia clara y la vida vibrante contigo dondequiera que estés. Con el tiempo, encarnarás plenamente la meditación como una forma de ser, no solo de hacer.

Avance de Consciencia Inquebrantable

Ganador del Premio Favorito de los Lectores 2021, *Consciencia Inquebrantable* enseña cómo mantenerse presente, con la mente clara yen calma cuando se enfrentan a eventos impredecibles de la vida. Ofrece una receta para estar presente con los pies en la tierra cuando la vida es un reto.

A través de *Consciencia Inquebrantable* accederás a la consciencia meditativa en condiciones imperfectas, con los ojos abiertos, durantetu vida diaria activa. Una vez que domines este asunto, tu capacidad para acceder y mantener una profunda claridad meditativa a través de actividades y presiones de todo tipo mejorará enormemente, al igual que la calidad de tu vida. Independientemente de tu formaciónо nivel de experiencia, si afrontas los retos con una actitud positiva, te sorprenderá tu rápido progreso.

A lo largo de tu formación, harás uso de un poderoso sistema de evaluación del progreso nacido de la antigua sabiduría perdida. Obtendrás una información clara y diaria sobre tu mejora, que te inspirará a asumir retos aún mayores y a conseguir aún más posibilidades de acceder a la consciencia meditativa y beneficios para la salud. Se incluye un cuaderno de ejercicios paso a paso descargable y un calendario de entrenamiento que te ayudarán a mantenerte en el camino.

Sobre el Autor

Richard L. Haight es el autor, tres veces premiado, de The Warrior's Meditation (La Meditación del Guerrero), Unshakable Awareness (Consciencia Inquebrantable) y The Unbound Soul (Alma Liberada), y es un instructor avanzado de artes marciales, meditación y sanación. Richard comenzó a entrenar formalmente las artes marciales a los 12 años y se trasladó a Japón a los 24 años para avanzar en su formación con los maestros de la espada, el báculo y el aiki-jujutsu.

Haight vivió y se entrenó en Japón durante 15 años mientras enseñaba inglés como lengua extranjera en la escuela secundaria. Allí se casó con su esposa Teruko, y recibió licencias de instrucción en cuatro artes samuráis y un arte terapéutico llamado Sotai-ho.

A través de sus enseñanzas flexibles y altamente prácticas, Richard Haight está ayudando a encender la chispa del movimiento de la transformación personal a nivel mundial, libre de cualquier restricción y abierto a cualquier persona en cualquier nivel. Richard Haight vive y da clases en Oregón, Estados Unidos.

Contacto

He aquí algunas formas de acceder a las enseñanzas deRichard Haight:

- Correo electrónico: contact@richardlhaight.com
  Página web: https://richardlhaight.com
- Clase de meditación de prueba de un mes
  https://richardlhaight.com/services
- Publicación de notificaciones:
  https://richardlhaight.com/notifications
- YouTube: Herramientas del Despertar Espiritual con RichardL Haight
- Facebook: https://facebook.com/richardlhaightauthor
- El Grupo de Lectores de El Código del Génesis:
  https://www.facebook.com/groups/thegenesiscode

Entrenamiento Diario de Meditación Guiada con Richard Haight

Hay muchas prácticas incluidas en El Código del Génesis para ayudar en el proceso de volver a entrar conscientemente en el Edén metafórico. La aplicación diaria es la clave. Como parte de mi propio camino, comparto una forma de meditación que ayuda a encarnar *el principio*. Llamo a esta práctica la Incorporación Total a la Meditación. La practicamos durante 15 minutos cada día, y supone una gran diferencia.

Si quieres participar de la práctica de esta meditación, puedes obtener una prueba de 30 días de mi meditación guiada diaria. Miles de personas lo hacen cada día. ¡Espero verte allí! (English)

Visita: https://richardlhaight.com/services

www.ingramcontent.com/pod-product-compliance
Lightning Source LLC
Chambersburg PA
CBHW060526100426
42743CB00009B/1444